軍事的視点で読み解く

米中経済戦争

福山 隆

ワニブックス
|PLUS|新書

目次

序章

米中経済戦争は石原莞爾の世界最終戦論の具現化か

——人類滅亡をもたらす「世界最終戦」への導火線となる可能性

米中経済戦争は、米中覇権争いという中長期にわたる国家総力戦――雌雄を決するまで継続――の1つの断面・形態であり、人類滅亡をもたらす「世界最終戦」（第3次世界大戦）の導火線になる可能性を秘めている。米中経済戦争は、それを何と命名――例えば米中冷戦――しようが、その本質は戦争である。クラウゼヴィッツが、「戦争とは他の手段をもってする政治の継続にほかならない」と述べた通り、米中は軍事、経済、外交などあらゆる政策・手段（アッと驚く奇想天外なものも含む）を駆使して、長きにわたる（米ソ冷戦の場合は約40年間）戦争を継続するであろう。

日本は地政学的に見て、米中にとって戦略的な要点に位置しており、米中覇権争いの渦中に巻き込まれるのは必至である。それゆえ、われわれ日本人は、「戦時下にある」という覚悟が肝要であろう。

「世界最終戦」という論説は、日本陸軍70年余の歴史を通じて最高の頭脳・屈指の逸材といわれる石原莞爾（中将）により唱えられた。石原は、陸軍の枠を超えた軍事思想家でもあり、関東軍作戦参謀（陸軍中佐）時代、板垣征四郎大佐らとともに柳条湖事件・満州事変を企画・実行し、満州国を建設した主謀者であることで知られる。

石原は、反《そ》りが合わなかった東条英機から予備役に追いやられる直前の1940年5月、京都義方会において「人類の前史終わらんとす」と題する講演を行い、その講演の速記録に若干の追補をしたものが、同年9月、『世界最終戦論』として立命館出版部から出版された。

孫武の『孫子』、クラウゼヴィッツの『戦争論』、マハンの『海上権力史論』、リデル・ハートの『戦略論』、ルトワックの『戦略』などは、いずれも軍事に関する普遍的理論が主体であるが、石原の『世界最終戦論』は、①戦争についての普遍的理論、②当時の日本という国家の総合政策指針、③戦争面から見た人類史の展望・予言を包含するユニークな書である。

『世界最終戦論』の核心は、「人類は、戦争形態や武器等が進化する中、最終戦争を戦うことにより、『もう戦争はできない』ということを悟り、初めて世界・人類が長く憧れ・待ち望んでいた本当の平和に到着する」というものだ。

石原は、世界最終戦を戦う国家について「最終戦争は、王道に基づく日本・満州国・中国などによる東亜連盟と覇道に基づく米州（米国）との間で、一番遠い（広い）太平洋を挟んで空軍主体による決戦が行われる」と、予言・想定している。

世界最終戦に登場する最終戦決戦兵器について、石原は次のように述べている。

「原子核破壊による驚嘆すべきエネルギーを利用した新兵器の開発が急務である。この決戦兵器は、一発で何万人もがペチャンコになる程の大威力のものである。もう一つの最終決戦兵器は、凄いスピードで飛翔し、地球を無着陸で何回も周れるような飛行機である。

これら兵器の威力は、例えば、今日戦争になって次の朝、夜が明けてみると敵国の主府や主要都市が徹底的に破壊され、日本・中国の側も大阪も、東京も、北京も、上海もすべてが吹き飛んでしまい廃墟となる程のものだ」

世界最終戦論を発表した時点では存在しなかったものの、石原は、「核兵器とその運搬手段の弾道ミサイル――核弾頭搭載の大陸間弾道弾（ＩＣＢＭ）、弾道弾搭載原子力潜水艦（ＳＳＢＮ）、戦略爆撃機――などの出現を予言していたことになる。

石原は、世界最終戦が行われる時期は、１９４０年5月の講演の時点から70年後（２０１０年）、50年後（１９９０年）、30年後（１９７０年）を挙げた上で、「30年内外で最後の決勝戦の時期に入り、50年以内に世界が一つになるだろう」と予言している。

　石原は、30～70年後の日米決戦に備えるためには、「産業大革命による生産力の大拡充」により経済大国になることがその基盤である、とも述べている。石原は、産業大革命による経済大国を目指すために、1930年代に起こった国家革新運動――昭和維新――を利用しようと考えた。石原の昭和維新の構想は、その目的を、「(日本だけに留まらず)東亜の諸民族の力を総合的に発揮して世界最終戦の準備を完了すること」と位置付け、政治(政治的統一)、外交(日・中・満などによる東亜連盟の結成)、軍事(決戦兵器の開発)、経済(産業大革命による生産力の大拡充)、思想・信仰の統一など総合的な政策が網羅されている。

　後(本編)で述べるが、今日、中国の習近平政権は、米国を仮想敵として「2050年の世界覇権目標」を掲げ、建国100年にあたる2049年までに「総合的な実力で世界トップの製造強国」を目指して、「中国製造2025」構想や「一帯一路」構想などの実現に向け邁進している。これに対して、米国のトランプ大統領(以下、トランプとする)は米中経済戦争を発動して習近平主席(以下、習近平とする)の野望を挫《くじ》こうとしている。

このような米中の葛藤を見ていると、デジャヴュ（既視感）というフランス語の通り、私は、今から約80年も前に石原莞爾が予言した「日米による世界最終決戦」が現代に蘇っているような気がしてならない。

米中経済戦争が、やがて全面核戦争にエスカレートすれば、その戦争は紛れもなく人類・世界の最終戦になることは疑いない事実だ。ただし、この戦争は、石原が言うように『もう戦争はできない』ということを悟り、初めて世界人類が長く憧れ・待ち望んでいた本当の平和に到着する」ような「甘いもの」ではなく、「人類絶滅」の恐れがあるほど深刻なものなのだ。今日、私たち70億余人の人類は、深刻にその恐怖を認識する必要があろう。

世界・人類は既にキューバ危機（1962年）という世界最終戦にエスカレートする可能性を秘めたチキンゲームを経験している。事件当時、米ソは大陸間弾道ミサイル（ICBM）、潜水艦発射弾道ミサイル（SLBM）、戦略爆撃機を保有していた。米ソが全面核戦争を行えば米ソのみならず世界が壊滅的な被害を受けることになり、世界は恐怖に陥った。ケネディもフルシチョフも、誤った判断が間違いなく核戦争を勃発させることになると認識していた。両国首脳は裏面での交渉を重ね、フルシチョフは、「米国がキューバに侵攻しないことと引き替えにミサイル基地を撤去する」との提案をケネディに伝え、合意が成立して危機は回避された。

キューバ危機と同様に、米中経済戦争がエスカレートすれば、最悪の場合、人類を滅ぼしかねない米中全面核戦争になる可能性がある。その場合、トランプと習近平はケネディとフルシチョフが行ったようなきわどいチキンゲームをやることになるが、2人がケネディとフルシチョフのように人類絶滅の可能性を秘める世界最終戦を回避できるという確証はあるだろうか。

米中経済戦争というネーミングは、「戦争」という死と流血の恐怖に満ち、途方もなく破壊的なものであるというイメージを和らげる効果があるが、戦争としての本質は何も変わらないのみならず、常に熱戦（武力戦）にエスカレートする可能性を秘めている。

本書は、米中経済戦争を軍事的な視点から読み解いたものである。

米中が「手打ちをする」という報道・見方もあるが、今の流れでは、「龍虎は雌雄を決するまで戦う宿命」なのだ、と筆者は確信する。

第一章

嘘つきトランプと法破りの習近平

――マキャヴェリ流の指導者の登場

マキャヴェリが描く国家指導者の理想像
——トランプと習近平はマキャヴェリ流の指導者

マキャヴェリは、政治的力量と権謀術数に富んだローマ教皇軍総司令官チェーザレ・ボルジアを理想の君主として、君主論を書いたといわれる。マキャヴェリは歴史上のさまざまな君主および君主国を分析し、君主とはどうあるべきものか、君主として権力を獲得し、また保持し続けるにはどのような力量が必要か、などを論じている。マキャヴェリは、当時のイタリアの政治的混乱を解決するためには「権力への野心と武人的な決断力を持ち、徹底した権謀術数的統治手段がとれる強力な君主による独裁的政治が必要であること」を提言している。

「影のＣＩＡ」の異名を持つ米国のシンクタンク、ストラトフォー（ストラテジック・フォーカスティング）を率いるジョージ・フリードマンは、その著『続・１００年予測』の「まえがき」の中で、今米国に必要なのは偉大な「マキャヴェリ流の大統領」だと主張している。フリードマンは、「マキャヴェリ流の大統領」として、エイブラハム・リンカーン、フランクリン・ルーズヴェルト、ロナルド・レーガンを挙げている。その功績として、リンカーンは「共和国を守り」、ルーズベルトは「米国に海を与え」、レーガンは「ソ連を弱体化させ、米国が帝国となるための地ならしをした」としている。

フリードマンは、この三人の大統領を「マキャヴェリ流の大統領」とする理由を次のように述べている。

「三人は三人とも、道徳心の篤い人間だった。しかし彼らは目的を達成するためなら進んで嘘をつき、法を犯し、原則を破った。三人は私が『マキャヴェリ流の大統領』と名付けたパラドクスを体現していた。これは米国の理想を実現するためならば、二枚舌を使いながら高潔さを保てる指導者を言う。（中略）

共和国（米国）を守れるのは、皮肉なことに帝国の頭たる米国大統領しかいない。

（中略）マキャヴェリの言う『徳』――狡猾さ――が米国大統領に求められる」

トランプは平気で嘘をつく。習近平も平気で国際法を破る。しかし、2人とも確固たる目的を持っており、正義は力から生まれることを知っている。2人は力を行使することをためらわない非情さも持ち合わせている。筆者は、トランプと習近平は紛れもない「マキャヴェリ流の大統領」、「マキャヴェリ流の国家主席」だと思う。両国のトップが期せずして「マキャヴェリ流の指導者」であることが、今日、米中が経済戦争を始めた一因であろう。

余談だが、もしトランプが「虎（中国）退治」に成功すれば、フリードマンは、4人目の「マキャヴェリ流の大統領」としてトランプの名前を挙げることになるだろう。一方、中国が「東風が西風を圧する」ことを達成できれば、習近平は毛沢東や鄧小平と並び称される偉大な指導者として中国の歴史に刻まれることだろう。

第2次世界大戦時との類似性
——チャーチル、ヒットラー、スターリンも「マキャヴェリ流の指導者」

歴史は人が紡《つむ》ぎ、国家の栄枯盛衰も人、なかんずく国家指導者によりもたらされる。

戦争をもたらすのは強力な指導者である。それは、第2次世界大戦時のチャーチル、ヒットラー、スターリンを見ればわかるだろう。

もしも、英国にチャーチルが登場せず、ネヴィル・チェンバレン首相が宥和《ゆうわ》政策――ナチス・ドイツの勢力拡大を一定程度認めて平和を維持しようとした外交基本姿勢――を継続していたなら欧州情勢はどうなったであろうか。第2次世界大戦は回避される代わりに、欧州はヒットラーとスターリンの支配下になっていたかもしれない。

もしも、ドイツにヒットラーが登場せず、ワイマール共和国が存続していたら欧州情勢はどうなったであろうか。ドイツはベルサイユ体制の下で、事実上、米国、英国、フランスなどの管理下に置かれ、第2次世界大戦は回避されていたかもしれない。

もしもソ連がスターリンという独裁者によって支配されていなかったら、欧州情勢はどうなったであろうか。ヒットラーの対ソ連奇襲侵攻――バルバロッサ作戦――は成功し、ソ連を含む欧州はヒットラーの支配下に入っていたかもしれない。

ある時代に登場する大国の指導者の資質が国際情勢に大きな影響を及ぼすことに、異論の余地はないだろう。筆者は、チャーチルもヒットラーもスターリンも、多かれ少なかれフリードマンが述べた「マキャヴェリ流の指導者」であったと考える。世界的な悲劇をもたらした第2次世界大戦の「主役」——チャーチル、ヒットラー、スターリン——が期せずして「マキャヴェリ流の指導者」であったことは注目に値する。

同様な文脈で、今日、「マキャヴェリ流の指導者」である米国のトランプと中国の習近平が経済戦争を始めたことは、頷けることではないだろうか。

第二章

米中激突の底流にあるもの

——マハンのシーパワー理論と黄禍論

マハンのシーパワー理論とは

アルフレッド・セイヤー・マハンのシーパワー理論は、米国の地政学に根差すものだと思う。すなわち、米国の地政学を理解すれば、マハンのシーパワー理論はわかりやすい。

米国の地政学

第1図に示すように、宇宙船から俯瞰した米国土の姿を最も簡潔に表現すれば、「北・南米大陸と太平・大西洋がクロスする『十字架』の中心に位置する国」といえるのではないだろうか。十字架はキリストが磔刑《たっけい》に処された時の刑具で、キリスト教で最も重要な象徴である。縦方向（南北）にのびる「北・南米大陸」が「十字架の『縦の棒』」に相当する。また、「横の棒」は、米国を中心としてアジアとヨーロッパにのびる太平洋・大西洋の海原（シーレーン）である。すなわち、米国は北・南米大陸の中枢を占め、太平洋と大西洋を越えてユーラシア（旧）大陸にアクセスできる位置に存在する。

第1図　アメリカの地政学の由来

マハンが「海上権力史論」を構想・執筆する上で前提とした米国の地政学の大要は、次の通りだったと思われる。

米国は、地政学上２つの特色を有する。第１の特色は、前述の「十字架の『横の棒』」に由来するもので、「広大無辺の太平洋と大西洋を隔てて、アジアとヨーロッパに対面すること」である。このことにより、米国は西欧とアジアに出現する強大な国家（現在の中国や冷戦時代のソ連）の脅威に対して十二分なバッファーゾーンを保有している。

と同時に、米国はアジア・ヨーロッパと通商するためには太平洋と大西洋を越えなければならない。大西洋と太平洋は世界で最も広大な海洋で、例えばサンフランシスコから東京までの距離は８２７０km、また、ニューヨークとロンドンの距離は約５５００kmもある。従って、米国が旧大陸諸国家と通商を行い、覇権を争うためには広大無辺の海洋を克服する必要がある。

米国の地政学上の第２の特色は、「十字架の『縦の棒』」に由来するものである。すなわち、米国は、「縦の棒」に相当する「北・南米大陸」により隔絶され、大西洋と太平洋との往来が極めて困難である。両大洋を往来するためには、北はベーリング海峡を、南はホーン岬を越えなければならない。しかも、ベーリング海峡は、７月から10月以外の間は結氷する。両大洋を往来するためには、マハンの時代の蒸気船の速度では、膨大な時間を要した。１８９８年に米国とスペインの間で起きた米西戦争当時、米国は太平洋艦隊所属の戦艦オレゴンを南米のホーン岬経由でカリブ海正面へ派遣した。オレゴンは、総航路約２万kmを67日間かけ、フロリダの米海軍基地パームビーチに到着した。

米国の地政学的な特色に由来する軍事・経済・通商上の課題について考えてみよう。

米国の地政学上の第１の特色――「広大無辺の太平洋と大西洋を隔てて、アジアとヨーロッパに対面すること」——により、軍事上、経済・通商上克服しなければならない課題は以下の通りである。

第1に、米国が旧大陸の諸国家と通商を行うためには、大量の商船が必要である。商船を運航するためには、造船業の振興、港湾の整備、船員の養成などが必要となる。また、当然、通商を行う相手国内の港湾にアクセス権を持たなければならない。

第2に、商船を防護し、通商の相手国に睨みを利かせるためには、強大な海軍の建設が不可欠となる。米国の海軍は、当時、アジアとの通商を維持・防護するためと、ヨーロッパ列強による大西洋を越えた侵攻に対する防衛のために必要となった。

第3に、米国はアジアとヨーロッパに至る長大なシーレーン（通商航路）を確保する必要があった。なお、大西洋においては、米国が独立（1776年）するころには、既に、英国やスペインなどがシーレーンを確立していた。米国は新たにアジア向けのシーレーン（太平洋ハイウェイ）の構築を急ぐ必要があった。このシーレーン上には、いわば高速道路にドライブインや「道の駅」を設けるように、中継基地を設ける必要があった。基地は商船のみならず、海軍のためのものでもあり、石炭・弾薬などの補給や船舶修理などの機能が必要だった。このためにはハワイやグアム、さらにはフィリピンなどに基地を設置する必要が生じた。

米国の地政学上の第2の特色——「北・南米大陸により隔絶され、大西洋と太平洋との往来が極めて困難で、両大洋を往来するためには、北はベーリング海峡を、南はホーン岬を越えなければならない」という制約——に対して軍事上、経済・通商上克服しなければならない課題は以下の通りである。

すなわち、米海軍は太平洋と大西洋の二正面に配備しなければならなかった。米国は、マハンの時代には、ヨーロッパの英国、スペイン、フランス、ドイツの脅威が大西洋を越えてカリブ海まで迫っていた。また、太平洋正面には、新たに明治維新後「富国強兵」に励む大日本帝国が台頭しつつあった。このため米国は、太平洋と大西洋の両正面に海軍を配備しなければならず、結果としてその戦力は、二分されることになった。ワシントン海軍軍縮条約（1922年）で、米国および英国と日本の保有艦の総排水量比率を「5対3」で合意した背景には、米・英両海軍が太平洋と大西洋の二正面をカバーしなければならないのに対し、日本海軍は太平洋のみを守備領域にすればよかったという側面があったからではないだろうか。

米国は有事に、二大洋のいずれかに戦力を集中するためには、北・南米大陸を横断する運河を建設する必要が生じた。その場所は、陸地が最も狭くなるパナマ地峡が最適だった。

マハンの海洋戦略理論（シーパワー理論）の要点

マハンが、過去の歴史（イギリス、オランダ、フランス、スペイン間の闘争）を分析して到達したシーパワー理論のエッセンスは、「海軍は商船によって生じ、商船の消滅によって消えるものである」というもの。これを少し補足すれば、「生産」、「海運」、「植民地」という循環する3要素が、海洋国家繁栄のための政策のカギであり、「海運」を支えるためには、「『商船隊』と『海軍力』と『根拠地（港湾・基地）』」が必要となる。

シーパワーとは、国家が海洋を支配して活用する能力の総称であり、海軍力のみならず商船隊や根拠地（港湾・基地）なども含まれる。

マハンは、シーパワーについて、「海軍力の優越によって制海権を確立し、その下で海上貿易を行い、海外市場（当時は植民地）を獲得して国家に富と偉大さをもたらす力である」と表現した。

マハンは、彼の戦略思想の核心について、「国力、国の繁栄、国の安全にとって、シーパワーは不可欠のものであり、制海権が戦局にとって決定的な要素である。それゆえ、『制海権を握り、戦略的に重要な地点を確保した国』が歴史を支配した。歴史の示すところでは、『国力、富、国家の威信、安全は、巨大なシーパワーの保有と、その巧みな運用の副産物である』」とも述べている。

マハンは、この証左として、「ローマの海上支配がハンニバルをして長途の危険な陸路の進軍を余儀なくさせたことや英海軍の英仏海峡支配がナポレオンに英国上陸を断念させたこと」などの史実を挙げている。

マハンのシーパワー理論を最も簡潔に要約すれば、「海洋を支配するものが世界を支配する」ということになる。ちなみに、これに対抗する戦略理論がハルフォード・マッキンダーの理論である。マッキンダーの理論は、マハンとは真逆で、「大陸（ユーラシア大陸）の支配が世界支配をもたらす」という考え方である。この考え方を表すマッキンダーの有名な言葉が、「欧州を支配するものが心臓部（ハートランド）を制し、心臓部を支配するものが世界島（ユーラシア大陸）を制し、世界島を支配するものが世界を制する」である。

海洋国家米国と旧ソ連（大陸国家）が世界の覇権をめぐってしのぎを削った結果、ついに米国に軍配が上がった。これは、マハンの理論がマッキンダーの理論よりも正しかったことの証明ではないだろうか。

米国はマハンの門徒――マハンの戦略を採用し超大国となった米国

マハンの「海上権力史論」が米国に及ぼした影響

約250年前に建国した米国が、世界の超大国にまで発展し、今日、パクス・アメリカーナ（米国による世界平和）と呼ばれる世界支配体制を構築できたのはマハンのシーパワー理論を国家戦略に採用したからにほかならない。

米国は、マハンの『海上権力史論』が出るまでは、欧州列国の脅威を恐れ、育成途上の工業を保護するために高い関税障壁を設け、いわば「守勢」ないしは「引きこもり」状態だった。マハンの信奉者のセオドア・ルーズベルト大統領（任期1901－09年）は、就任以降、マハンの理論・政策を積極的に取り入れ、米国の国家戦略を180度転換して「攻め」の方針を採用した。米国は、遅ればせながら帝国主義国家として、アジアに植民地・市場を求めて乗り出すことになる。

マハンのシーパワー理論に照らせば、当時の米国海軍の現状は憂慮すべき状況であった。その頃の米国海軍における伝統的な考え方は、「沿岸防衛と商船護衛」を重視するものであったのだ。マハンは、この考え方を正すべく、「米海軍の主目的・目標は、敵の海軍そのものであり、制海権を確保するためには何よりも『戦艦』が必要であり、従来の防衛的な『巡洋艦』中心の海軍の編成や海軍力の造成を改めるべきだ」と事あるごとに主張して止《や》まなかった。

マハンのシーパワー理論を採用・実現した男——ルーズベルト大統領

マハンの戦略理論が、いくら米国にとって価値あるものであっても、国策として採用されなければ、単なる「理論」として終わり、その著書『海上権力史論』も海軍大学校などの図書館の中で、古ぼけた本として眠ってしまうところだった。

マハンの海軍戦略を理解し、「新興国米国の国策・戦略として最適である」と見抜くだけの慧眼《けいがん》を有し、これを国策に採用・実行した人物がルーズベルト大統領であった。ルーズベルトは、マハンが『海上権力史論』で主張したシーパワーの理論が、当時の米国の将来を拓《ひら》く「鍵」であることを直感的に見抜いたのだった。ルーズベルトは、後のパクス・アメリカーナの時代が来るのを予見したのだろう。

ルーズベルトはマハンの海軍戦略理論に基づいて、米海軍力の強化（戦艦建造）に執念を燃やし、大統領在任中に11隻もの戦艦を新造した上、さらに4隻もの戦艦建造を議会に認めさせた。

もう1つの成果は、海外海軍基地の獲得とパナマ運河の建設である。アジアに進出するためには、「太平洋ハイウェイ」途中の要所に基地、いわば道の駅が必要だった。また、太平洋と大西洋に二分して展開される宿命にある米海軍戦力を短時間にいずれか一方の海洋に移動・集中させるためにはパナマ運河の建設が喫緊の課題だった。

まず基地に関しては、ルーズベルトが海軍次官の時に起こった米西戦争（1898年）でスペインに勝利し、フィリピン、グアムおよびプエルトリコを獲得した。また、マハンの再三の指摘で、ハワイの地政学的重要性の認識を深めた米国は、ハワイ共和国を謀略に近いやり方で併合し自治領とした（1898年）。

ルーズベルトは、マハンの教示でパナマ運河建設の地政学的重要性を認識し1902年に連邦議会で運河建設を決定したが、パナマ地峡を領有するコロンビアの承認が得られなかった。しかし、パナマがコロンビアから独立するや、ルーズベルトは直ちにパナマを承認し、パナマ運河条約を結び、永久租借権などを取得して工事に着手、10年の歳月をかけて開通させた（1914年）。

国内基盤を確立した米国が、中国に対する「門戸開放・機会均等」（1899年、ヘイ国務長官）を宣言し、遅ればせながら海外進出・植民地獲得に本格的に乗り出そうとするまさにそのタイミングに、ルーズベルトが大統領に就任（1901年）したわけだが、米国にとっては最適任の大統領を得たことになる。米国の今日の隆盛は、「マハンの知恵」と「ルーズベルトの実行力」によりその基礎が確立されたといえるだろう。

米国海軍がパクス・アメリカーナを支える底力

今日米国は、原子力空母10隻と揚陸艦31隻、原子力潜水艦71隻を中核に、80隻以上の巡洋艦と駆逐艦（すべてイージス艦）など主要水上戦闘艦約２７０隻、戦闘機や対潜哨戒機などの作戦機約２６４０機を保有し、現役・予備役合わせて約43万人の構成員が所属する世界最大規模の海軍を擁している。米国は、これらの海軍戦力を世界各地の海域に展開し、文字通り７つの海を支配している。

米国は、海軍の制海権を通して、自らも世界経済へのアクセスを確保しているが、中国を含む米国以外の国も米海軍の海洋支配の恩恵に浴している。日本や中国は、米国海軍の力のお陰で、自由貿易に励むことができるということだ。

別の視点から見れば、中国は、自国の運命を米海軍に握られていることになる。中国のみならず、世界の諸国は米海軍によって「首根っこを押さえつけられている状態」に置かれているのだ。米国海軍こそがパクス・アメリカーナを支える底力といえるだろう。

中国もマハンの門徒

中国もマハンの門徒

今日、中国が依拠する3人の「M」がいる。毛沢東、マルクス、そしてマハンである。毛沢東とマルクスが中国といかに関わっているかについては説明の必要もないだろう。意外に思われるのがマハンであろう。実は、中国もマハンの門徒であり、現在の軍事戦略・政策はマハンのシーパワー理論を忠実に実践しつつある、と筆者は見ている。

とはいえ、誇り高い中国は、マハンが米国人であることから、「中国がマハンの門徒であることを意図的に喧伝《けんでん》すべきではない」と考えているものと思われる。

ちなみに、中国は、マハンの門徒であるだけではなく、ユダヤ人のカール・マルクスの門徒でもある。中国は、誇りとする4000年の歴史の中から生まれた孔孟思想や孫子ではなく、「紅毛人」のマルクスやマハンの理論を信奉し、今日発展・台頭しているわけで、なんとも皮肉というほかない。

中国は実質的に〝島国〟で、米国と同じ海洋国家

中国は、〝島国〟である。もちろん四方を海に囲まれているわけではないが、通過不能な地形や荒れ地に囲まれており、他の地域から事実上隔離されている。中国が海（黄海、東シナ海、南シナ海、太平洋）に面しているのは一方向（東方）だけで、北方には横断が困難な、荒涼としたシベリアとモンゴルの大草原地帯が広がっている。南方には通過不能なヒマラヤ山脈があり、ミャンマー、ラオス、ベトナムと接する南部国境は山と密林に囲まれている。

このため、中国は海洋正面に糧を求めざるを得ない。中国が将来も「世界の工場」（加工貿易立国）として発展し、約14億人の人口を養うためには、石油、天然ガス、食料などの資源を安定的に手に入れ、工業製品を輸出できる環境が不可欠である。そのためには、東シナ海や南シナ海などを経て、太平洋やインド洋にシーレーンを確保しなければならない。

それゆえ、中国にとっても、マハンの『海上権力史論』こそが、仮想敵国の米国を打倒して、世界の超大国に発展する上で「指南書」となるのだ。中国が米国と覇権を争い、

次なる「世界の覇者」になるためには、マハンのシーパワー理論を活用するしか道はない。

中国軍上・空軍戦力の近代化——支配海域の拡大

マハンの門徒である中国は、アジアから米軍を排除するために「接近阻止・領域拒否」戦略を採用し、近年、海軍・空軍戦力の建設に注力している。

海軍戦力については、より遠方の海域において作戦する能力の構築を目指している。このため、空母（3隻体制）、晋級原子力潜水艦（弾道ミサイル搭載）などの新型潜水艦や新型水上艦艇の増強を継続している。中国遼寧省大連で2018年7月に2隻同時進水した最新鋭の大型ミサイル駆逐艦055型（排水量1万2000トン）は水上戦闘艦としてはアジア最大級で、戦闘能力は米海軍の艦艇を超える「世界最高水準」との指摘もある。

また、中国は2018年4月、米海軍空母への精密攻撃が可能な最新鋭中距離弾道ミサイル「東風（DF）26」を実戦配備した。このミサイルは、射程3000〜5000

kmで、グアムの米軍基地に対する核攻撃が可能で、「グアム・キラー」と呼ばれる。

「一帯一路」構想と「中国製造2025」構想もマハンの教えから

米国がマハンの教えに基づき、太平洋ハイウェイを設定したのと同じ発想で、中国は「一帯一路」構想を考えたのではないか。「一帯一路」は、約14億の人口を養うための「命綱」——輸出入のための物流ルート——である。ただし、量とコストの面では、「一路」（インド洋を経て中東、欧州、アフリカへの海上輸送）が主体（9割以上）で、「一帯」（シルクロード沿いの陸上輸送）は「保険」としての役割しかない。

余談だが、将来、地球温暖化で、北極海の通行が可能になれば、中国は欧州と交易する際、スエズ運河経由よりもコストを3～4割削減できる。中国は北極海航路に強い関心を示しており、将来「一帯一路」構想は、「一帯二路」構想に替わるだろう。その場合は、中国とロシアの間の軋轢《あつれき》が高まり、日本海、北海道、オホーツク海の戦略的価値はさらに高まるはずだ。

「一帯一路」構想には、決定的な2つの弱点がある。第1は、マラッカ海峡というチョーク・ポイントを通過することだ。

第2は、中国が、「一路」（シーレーン）を守るためには、究極的には米海空軍を上回る戦力を建設する必要がある。そのためには莫大な費用と時間がかかる。今日、中国の海軍力が急速に増強されつつあるが、米中の海軍建設競争に関しマハンは以下のような興味深い予言を残している（ただし、（A）と（B）は、理解しやすいように筆者が加筆した）。

「歴史を見るに、例え一箇所でも大陸と国境を有する国（A）は、仮に人口も資源も少ない島国（B）が競争相手国であれば、海軍の建設競争ではAはBに勝てないという決定的事実を歴史は示している」

Aを「中国」Bを「日本または米国」と読み替えればわかりやすい。米国の国境はカナダとメキシコしかない。しかも、カナダもメキシコも米国の国力に比べれば問題にならず、外交関係は落ち着いている。一方中国は、国境線の長さが2万2800kmに及び、接する国は14カ国にのぼる。これらの国々のうち、ロシアは米国と核戦力を競うほどの強大国だ。また、インドも中国に拮抗できる戦力を持っている。

ちなみに、1960年代末の中ソ対立の頃は、国境線沿いに、約66万人のソ連軍部隊と、約81万人の中国人民解放軍部隊が対峙していた。この歴史を勘案すれば、将来、国境を接するロシアやインドと中国との間に緊張状態が生起した場合、中国は150万人以上の陸軍兵力が必要になろう。また、これに加え、緊張が高まる朝鮮半島や新疆・チベットを含む民族問題、さらには国内の暴動・騒乱への対処などを考えれば、陸軍兵力のニーズは膨大な数にのぼろう。

すなわち、中国は、陸軍に相当な人員と予算を投入せざるを得ない立場にある。海軍に投入できる人員と予算が制限されるのは当然だ。中国は現在、海空軍の強化に注力しているが、今後、マハンの予言が的中し、海軍増強が頓挫するか否か興味深いところだ。

マハンのシーパワー理論と「中国製造2025」構想との関係についても触れておきたい。マハンは、「生産」、「海運」、「植民地」という循環する3要素が、海洋国家繁栄のための政策のカギである」と述べている。マハンの言う「生産」に注目すれば、中国は改革開放以降、潤沢な労働力と低い賃金による「労働集約型」の製造体制で、衣料品などの大量生産品を世界に供給し、「世界の工場」の地位を獲得した。

しかし、中国は今日、経済発展に伴う国内の人件費の高騰や、「一人っ子政策」による労働人口の減少に直面している。中国は、今後これらの問題を克服するために、労働構造の転換を迫られている。中国が右肩上がりの経済発展を続けていくためには、今後、ITやロボット、AI（人工知能）を活用した「技術密集型／知能的集合型」の産業にシフトする必要があるというわけだ。これを実現するための方策が「中国製造2025」構想である。このように、「中国製造2025」構想もマハンのシーパワー理論の一環であることがわかる。

マハンの門徒は激突する宿命

「トゥキディデスの罠」

「トゥキディデスの罠」という言葉がある。古代ギリシャの歴史家トゥキディデスは、紀元前5世紀のアテネとスパルタとの間で起きたペロポネソス戦争を分析した。この戦争は古代ギリシャの覇権を握っていたナンバーワンのスパルタが、新興国アテネの台頭に脅威を覚えて開始したとされる。「トゥキディデスの罠」とは、アテネとスパルタのように、「台頭する新興国と覇権国が望みもしない紛争を繰り返す可能性が高い」ことを警告する言葉だ。

今日の世界においても、「トゥキディデスの罠」が再現されつつある。オバマ大統領は、2012年1月、アジア太平洋地域での軍事的なプレゼンスを強化する内容の新国防戦略を発表した。米国は、なぜアジア太平洋地域を重視することになったのだろうか。それは、「中国の台頭」に対抗するためだ。トランプ大統領になって、米中の覇権争いはいっそう熾烈になりつつある。

「トゥキディデスの罠」の例に漏れず、冷戦下、米ソは覇権争いをしたが、結局、ソ連が崩壊してしまった。米中も、アジア太平洋で雌雄を決しなければならない宿命にあるものと思う。

マハンの門徒国家が激突した事例──日米、米独、米ソの激突

「トゥキディデスの罠」のほかに、米中が激突するもう1つの理由を挙げたい。それは、「マハンの門徒国家は激突する」という仮説だ。

その例証として、マハン門徒の日米は太平洋戦争で激突した。しからば、日米以外のマハン門徒国家の場合はどうだったのだろうか。実は、ドイツ帝国のウィルヘルム皇帝は熱烈なマハンの信奉者で、いち早く『海上権力史論』をドイツ語に翻訳し、ドイツ帝国海軍の全艦はもとより、公共図書館、学校、政府機関に配布した。ご承知のように、第1次世界大戦において米独は激突した。

米国は当初、モンロー主義に基づき、第1次世界大戦には関与しない孤立主義をとっていた。しかし1917年の初めにドイツが無制限潜水艦作戦を再開したことやツィンメルマン電報事件が発覚したことで、ドイツに対する米国世論の怒りが湧き上がり、宣戦布告した。ツィンメルマン電報事件とは、第1次世界大戦中にドイツ帝国の外務大臣ツィンメルマンがメキシコ政府に急送した電報が発端だった。この電報は、ドイツによる対メキシコ工作の一環で、「もし米国が参戦するならば、ドイツはメキシコと同盟を

結ぶ」という内容。しかし、この工作は英国による「返り討ち」の具にされた。英国はこの極秘電報を傍受・解読し、これを米国に密告して、米国の参戦を促した。

ソ連も、マハンの門徒だった。ゴルシコフ海軍司令官はマハンのシーパワー理論の信奉者であり、強烈な個性を発揮して、大海軍の建設を行った。米ソ両国は激突（戦争）こそしなかったものの、冷戦期間を通じ覇権争いを継続した。

マハンの門徒はなぜ激突するのか

国家の生存・発展を海洋に託す国家――海洋国家――は、必然的にマハンのシーパワー理論に依拠せざるを得ない。先にも述べた通り、海洋国家は「生産」、「海運」、「市場（植民地）」という循環する3要素が発展のカギであり、それを支えるためにはシーパワー――商船隊・海軍力・根拠地（基地）――が必要となる。このような理論・仕組みの中に、海洋国家――マハンの門徒――が激突する理由が存在する。

海洋国家同士は、海外市場・資源供給国をめぐって争奪戦を行う宿命にある。日米が激突した大東亜戦争の原因の1つは中国市場、なかんずく満州をめぐる日米の争いだった。後進帝国主義国家の日本が海外に目を向けた時には、分割競争の余地がある国は中国しか残っていなかった。日本が生命線としての植民地を求めるかぎり、中国にしがみつく以外、道はなかったのだ。そこで日本は、対中国投資を増大させ、1930年代には欧米列強諸国と、投資額で1、2を争うまでになっていた。日本の対外投資の中で中国の占める比率は異常に高く、1935年の時点で、実に93・3％に達していた。ちなみに英国は5・9％だった。

米国も、英国に比べれば、後進帝国主義国家だった。歴史的に見て、日本がロシアの満州進出に対する阻止役を果たした日露戦争においては、米国は日本に対して好意的中立という立場をとったが、日露戦争以降、南満州（日米にとって市場）に日本の権益が確保され、日本の中国進出が軌道に乗るにつれて、米国による対日牽制――中国に対する干渉阻止、さらには強い反対――となって表れ、終《つい》には日米戦争を招くに至ったのである。この日米対立が最初に表面化するのは、第1次大戦時の日本の山東侵略であり、これを契機として日米関係は次第に敵対憎悪へ重心が傾いていった。

満州事変は、あらゆる意味合いにおいて、大東亜戦争への序曲であった。満州は、日米争奪の地であり、満州事変は裏を返せば満州をめぐる日本と米欧帝国主義諸国との対立の所産であった。

シーパワー国家の戦力の主体は、海空軍である。世界の大空と7つの海は連接しており、覇権争いをする海空軍は、いずれの海上・空中をも戦場に選び、交戦することが可能だ。陸軍の場合は、国境を接するか近傍にある場合は別だが、海軍に比べ地形障害に左右されるなど、交戦が成立するにはさまざまな制約がある。

このように、「マハンの門徒国家は激突する宿命」という筆者の仮説は一定の説得力があると思う。筆者は、マハンの門徒国家である米国と中国が、いずれ、東アジア太平洋地域で激突するのは避けられないと見ている。

米中激突の奥底に潜む黄禍論

マハンとルーズベルトはレイシスト

マハンとルーズベルトは、実はレイシスト（人種差別主義者）だった。マハンとルーズベルトの時代、黄禍論が欧米諸国を風靡《ふうび》した。黄禍論の根底には、「白人に比べ黄色人種は劣等人種」という思い込みがある。当時、日本を除けば、ほとんどの黄色人種の国は欧米白人国家の植民地支配下にあり、白人が黄色人種を支配する構造が確立されていた。黄禍論は、その白人の優位性が黄色人種に脅かされるのではないかという恐怖感に根ざすものだった。それゆえ、特に多民族国家の米国においては、白人の優位性を維持確保するために移民を制限・排除・差別するさまざまな政策・制度がつくられた。今日、トランプの移民制限政策に通底している。

マハンは、「日本人移民の流入をこのまま放っておくと、10年も経たないうちに、ロッキー山脈以西の人口の大半が日本人によって占められ、日本化されてしまう。その権利を日本に認めるくらいなら、私は明日にでも戦争をする方を選ぶ」とイギリスの知人に手紙で本音を吐露している。

また、ルーズベルトは、日露戦争の結果を見て「日本は東洋で恐るべき勢力となり、将来、米国と戦争をすることになるかもしれない」と不安を漏らし、以下のような対日戦略を実行した。

第1は、日露戦争の講和を斡旋し、日露の一方に大勝させず「痛み分け」させるとともに、これを梃子《てこ》に自ら中国利権に食い込もうとした。

第2は「オレンジ戦争計画」の策定。ルーズベルトは、日露戦争直後、台頭する日本を念頭に、対日戦争を想定した「オレンジ戦争計画」を初めて策定した。後に、太平洋戦争においては、この作戦計画のシナリオどおり推移した。

第3は、白色に塗装した新造戦艦16隻を基幹に編成された艦隊による世界一周航海の実施である。航海の主目的は、米海軍の戦力を日露戦争に勝ったばかりの日本に誇示することだったといわれる。文字通りの「砲艦外交」であった。

マハンとルーズベルトの時代に激しく燃え上がった黄禍論はやがて日米が全面衝突する太平洋戦争に発展し、双方が厳しく憎み合う熾烈な戦いを繰り広げた。米国はドイツとも戦ったが、日系米国人のみを強制収用・隔離した。さらに、広島と長崎に対する原子爆弾投下を決定するに至らしめた淵源《えんげん》には、黄禍論が存在していたからではないか。

今日でも米国では、黄禍論が米国人、特に白人の潜在意識の中に巣食っているのではないだろうか。黄禍論の矛先は日本に代わって、今や中国に向けられているのだ。

トランプの心の奥底に黄禍論

今日、米中が経済戦争を開始して、覇権争いが顕在化しているが、トランプの心の奥底には黄禍論があるのではないだろうか。筆者は、トランプ政権誕生は、アフリカ系のオバマ（非WASP）が大統領に選ばれたことへの「揺り戻し」ないしは「最後のあがき」ではないかと考える。トランプ旋風を支えたのは、低所得・低学歴の白人男性だといわれる。かつて、彼らは米国の繁栄を支え、享受してきたが、今日では、有色人種に職を奪われ「没落意識」が広がっているという。

トランプは、選挙キャンペーンで、低所得・低学歴の白人男性が没落した理由を、米国国内に住む不法移民（1100万人）や不公平な米中貿易などのせいにした。これらの白人男性たちは、オバマ政権が彼らをないがしろにしたとでも思ったのだろうか。トランプ陣営の巧みな選挙キャンペーンで、そういうふうに刷り込まれたのかもしれない。いずれにせよ、歴史的に見て、差別してきたアフリカ系米国人の中からオバマが大統領に選ばれたことは、白人にとっては、ショックだったことだろう。

トランプ陣営の対中国批判も注目される。トランプは、国家通商会議（後に通商製造政策局）のトップに対中強硬派であるカリフォルニア大学のピーター・ナヴァロ教授を据えた。ナヴァロは、「米国が患っている数々の問題は、すべて中国のせいだ！」という論を展開している。「風が吹けば桶屋が儲かる」というロジックではないが、低学歴の白人男性にとっては、ナヴァロの中国叩きは説得力があったのかもしれない。トランプをはじめ、米国の繁栄を築いた白人たちの潜在意識の中には、今も「白人は黄色人種や黒人よりも優れている」という思いがあるのは確かだろう。

かつて米国は、大陸横断鉄道建設などで、大勢の中国人労働者を使役した。当時、白人は中国人労働者をチンク（chink）と呼んで侮蔑した経緯がある。米国の白人が持つ一種の「選民意識」と対をなす「黄禍論」こそが、今日、中国に経済戦争を仕掛けたトランプの深層心理の中にも存在しているのではないだろうか。

第三章

米国側から見た米中経済戦争

フリードマンの予言——東アジアは21世紀の火薬庫

フリードマンの『100年予測』

前にも紹介したが、「影のCIA」の異名をとるシンクタンクの創設者フリードマンは、第2次世界大戦時ヒットラーに迫害され、父母とともにハンガリーから米国に逃れてきたユダヤ人だ。彼の国際情勢を分析する視点は「米国側」からである。

彼は、著書『100年予測』で、クリミア危機を見事に予言した。彼の分析手法は、地政学と人口動態予測を用いると同時に、マハンのシーパワー理論を念頭に置いている。

フリードマンは『100年予測」で米国と中国、日本などの東アジア諸国との貿易問題についても分析し、米中経済戦争が起こる可能性や理由について論じ、「東アジア地域が21世紀の火薬庫になるのは間違いない」と断じている。ちなみに、同書は10年も前の2009年に発行されている。筆者は、フリードマンがこのたびの米中経済戦争についても見事に予言したと評価している。

筆者はトランプ政権の外交・軍事・通商政策などを分析してみて、同書が大きな影響を与えていると考えるに至った。同書は、トランプが対中経済戦争を始めた背景について理解する上で好個の資料と思われ、以下簡単に紹介する。

フリードマンは、中国、日本を含む東アジア諸国から米国に工業製品が大量に輸出されることの「利益」（米国国内の消費者に安価な製品を提供）と「損害」（米国国内産業の弱体化や失業・低賃金を招く）について述べ、「損害が、米国の政治潮流に影響を及ぼす」と結論づけている。

フリードマンは、東アジア諸国からの輸出による損害に対する政治的配慮から、米国は「輸入に関する方針変更を強いられる状況に陥るかもしれない」とした上で、「その可能性がどれほどわずかであれ存在することが、東アジアの利益を深刻に脅かしている」と指摘している。

「対米輸出が全体の4分の1」と大きなウエートを占める中国は、「米国が中国製品の締め出しや関税を付加すれば、経済危機に陥り予測不能な強引な行動に出かねない」とし、その場合は、「他の市場の開放を求めて、場合によっては政治的、軍事的圧力を行使して、強引な行動に出かねない」と懸念している。

フリードマンは、米国の軍事戦略的優位性について、「米国は他国の太平洋へのアクセスを意のままに遮断することができる」ことを挙げ、中国が「強引な行動」に出た場合に採り得る対抗策として「軍事力をバックとした保護貿易の発動」を挙げている。また、米国が保護貿易を発動しても「東アジア（中国を指すと思われる）は米国の軍事的、経済的措置に対抗できる有効な手段を持たない」と分析している点も注目される。

フリードマンは、上述のような事情から、「中国にとって、今後、1世紀の間に軍事力の増強を図るほか米国に対抗する道はない」とする一方で、もし、中国が軍事力を増強すれば、「米国はこの動きを、自らの制海権に対する潜在的脅威と見なすだろう。つまり、〝守りの手〟を〝攻めの手〟と解釈するのだ」と述べ、米中が相互に誤解・猜疑のスパイラルに陥る可能性を指摘している。その上で、「この地域（東アジア地域）が21世紀の火薬庫となることは間違いない」と大胆な予測を述べている。

トランプ政権が仕掛けた米中経済戦争——ペンス演説に見るその理由

２０１８年10月に行われたペンス副大統領の反中国演説は「現代のハル・ノート」、

「中国共産党に対する宣戦布告」、「鉄のカーテン演説」と評された。

宣戦布告とは、一国から他国に対して行う戦争開始の意思表示の一方式。戦争の開始方法には、明示的意思表示方式と黙示的意思表示方式がある。前者には宣戦布告のほか、条件付き開戦宣言を含む最後通牒があり、後者は一国の他国に対する武力行動の開始とともに外交関係を断絶した場合がそれにあたる。１９０７年の「開戦ニ関スル条約」では、明示的表示方式だけを戦争開始の方式として認めている。だが、戦争を違法なものとした国連憲章のもとで、明示的宣戦布告が行われることはほとんどない。

ペンス演説は宣戦布告ではないが、米国ナンバーツーの副大統領が公然と中国を非難し、トランプ米政権が、経済分野だけでなく安全保障分野も含め中国と「全面対決」することを公式に表明したものである。ペンス演説の中には、米国が中国に「ハル・ノート」を突き付けざるを得なかった理由・背景などが明示されている。

いずれにせよ、今回の米中経済戦争は米国が先に仕掛けたものである。戦いにおいては、主導権を握ることが極めて重要である。過去の戦史を分析して、帰納法的に勝利するための基本原則を抽出したものが「戦いの原則」であり、それは「目標」、「主動」、

「集中」、「経済」、「統一」、「機動」、「奇襲」、「保全」、「簡明」の9原則からなっている。この中の「主動」について、陸上自衛隊教範の「野外令」は、「主動性の保持は、戦勢を支配して戦勝を獲得するため、極めて重要である」と述べている。戦争であれ交渉であれ、主動性すなわち主導権を握ることは、勝利・目標達成のために不可欠である。

中国に対して、米国が先に仕掛けたことには、主導権を握って有利に事を運ぶ上で、重要な意味があるのだ。米国が主導権を握ることにより、先手を取り続け、自ら有利な状況を創出していれば、自然と中国にとって望ましくない決定を強いることが可能となるのだ。

トランプが仕掛けた当時、対中経済戦争は、中間選挙に向けての点数稼ぎが主目的だとの指摘もあったが、筆者はそうは思わない。トランプ・米国は本気なのだと思う。

ペンス演説の注目点は次の通りである。なお、見出しは筆者が付けた。

[トランプ政権は対中新戦略を採用]

米国は2017年12月の「国家安全保障戦略」で中国に対して新しいアプローチ（筆

者注：文脈から、「中国に対する対決姿勢を鮮明にする戦略」を指すものと考えられる）を採用した。

歴代米政権は関与政策（エンゲージメント）を採り、「改革開放」政策を進める中国を世界貿易機関（ＷＴＯ）などの国際経済システムに組み込むことで、中国が民主化を進め、「責任ある大国」として国際社会で役割を果たし、米国のライバルとして台頭することを押さえつけることを期待し、対決姿勢を示すことを控えてきた。しかし、これは幻想に終わり、中国共産党の体質は何も変わらなかった。

［期待していた自由中国は実現されず］

ソ連が崩壊後、自由中国の出現は不可避と思ったが、希望は満たされなかった。自由の夢は中国の人々からは遠ざかったままだ。

［中国は米国の血を吸う〝吸血鬼〟］

この17年間で中国のＧＤＰは9倍になり、今や世界第2の経済大国である。その成功は米国の対中投資によるところも大きい。中国共産党は、自由で公平な貿易とは相いれない政策を行なった。それには、関税、為替操作、知的財産権の窃取、技術移転の強要、産業補助等が含まれる。米国の対中貿易赤字は、2017年は3750億ドルで、これは全世界の半分を占めた。トランプ大統領曰く、「25年間で米国は中国を再建してあげたのである」と（筆者注：極論かもしれないが、米国の主張をあえて換言すれば、「中国は米国の血を吸って成長した〝吸血鬼〟」ということになる）。

［世界の最先端産業の覇者の座を狙う中国］

中国共産党は、「中国製造2025」計画で、世界の最先端産業のロボット、AI、バイオ産業などの90％を占めようとしている。中国は、米国の財界に、中国でビジネスをしたいなら企業秘密を渡すよう求める。

［中国の軍拡・対米挑戦の源泉は経済力］

中国は、その経済力を軍事力にも使用した。中国の国防予算は、他のアジア諸国のそれを合算したものに相当する。中国は、日本が施政下におく尖閣諸島周辺に定期的にやってくる。南シナ海には人工島をつくり対艦・対空ミサイルを配備した。自由航行作戦を展開している米国艦船に中国艦船が接近してきた。

［中国は非民主主義国家――人権・宗教弾圧］

中国共産党は、自国民への規制、人権弾圧も強化している。チベットの仏教徒は、政府の弾圧に抗議して、過去10年で約150人が焼身自殺した。新疆では、約100万人のウイグルのイスラム教徒が収容所に入れられた。また最近、中国最大のキリスト教地下教会群が閉鎖させられた。

【中国は公然と米国に内政干渉】

中国は、米国の大学、学者、メディア、シンクタンクに、影響力を行使しようとする。資金援助をして親中派を増やしたり、また、反中派には中国に招待すると言ってサイバー攻撃をかけたりする。ビザ更新などで圧力をかけることもある。米国内の留学生や中国人団体等が中国共産党の諜報機関的役割を果たすこともある。

【中国は米国選挙に介入】

米国の2018年の中間選挙、2020年の大統領選挙に、共和党やトランプ大統領が勝利しないように、プロパガンダを仕掛けている。

【トランプ政権の中国に対する対抗措置】

トランプ政権は、中国が公平、相互的かつ主権を尊重するように、さまざまな措置をとっている。2560億ドル相当の品目に課す関税措置、レーガン政権以来の軍備費拡大、対米投資委員会の規制強化、司法省の中国メディアへの措置などがそうである。米国は、決して屈することはない。

トランプ政権が目指す経済戦争の目的・目標

ギデオン・ラックマンのトランプ評

トランプは学者でもなく、論理的に物事を考えるタイプでもなさそうだ。ホワイトハウスの職員を統括するケリー前大統領首席補佐官は、トランプのことを陰で「バカ者」と呼んでいたという。

2018年10月15日付日本経済新聞のOpinion欄で、チーフ・フォーリンアフェアーズ・コメンテイターのギデオン・ラックマンはヘーゲルがナポレオンを「馬に乗った世界精神」と表現したことを紹介した上で、「トランプ氏は、本能的に、ヘーゲルがまさしく指摘したように自分さえよく理解できないその時代の流れや力を体現し、それらを自分に有利に使える直感的な政治家なのかもしれない」と述べている。

同氏はさらに、将来の歴史学者のトランプ評にことよせて、「米国の外交方針について、エリート層の間で合意されてきた過去のやり方とは完全に決別し、米国の凋落を認め、その流れを逆転させようとしている。手遅れにならないうちに世界秩序のルールを米国有利に書き換えようと努力する中で、米国の力を容赦なく振るったといわれる大統領になるかもしれない」と述べている。筆者は、このトランプ評は的確だと思う。

日本を含むメディアは、従来の大統領の世界観から脱することができず、トランプがあたかも常軌を逸した大統領のように報道するが、実は米国が置かれた「末期的な状況」を直視して、大胆に捲土重来を画策している稀代の名大統領なのかもしれない。

トランプ政権が目指すのは米国の世界覇権の維持と継続

トランプが米中経済戦争で目指す目的・目標はラックマンが指摘するように、「米国の凋落の流れを逆転させること」であろう。換言すればトランプは、「米国が中国の挑戦を退けて、世界覇権（パクス・アメリカーナ）を維持・継続すること」を目指しているのであろう。

２０１３年、オバマは、「われわれは世界の警察官ではない」と宣言した。もしもトランプがそれを継承していれば、米国の凋落は留まるところを知らず、中国の台頭は加速していたかもしれない。

２０１８年11月9日付日本経済新聞の「米がおびえる2つの転換」と題する梶原誠氏の記事によれば、米議会予算局（ＣＢＯ）の予測では、２０２３年には米国の巨額の債務残高の「利払い費」が国防予算を上回るようになるという。なお、２０１８年の米政府の総債務残高は、約２１８９兆円に上る。梶原氏は「（２０２３年の時点では）米大統領にとって、米軍よりも米国債保有者の方が大きく見える『米軍が債権者に敗れる時』だ」と述べている。ちなみに、外国最大の米国債保有国は7％を握る中国である。これに関して、２０１０年、当時のマレン米統合参謀本部議長は「わが国唯一最大の脅威は公的債務」だと嘆いたが、現状ではさらに悪化している。

トランプは、米国がナンバーツーに凋落する瀬戸際で、アクセルを踏んで、追い越そうとする中国に「待った」をかけたのだ。このことに関して、トランプは、中間選挙直後の記者会見で中国に対する認識について次のように述べた。

「中国は経済大国として米国を追い抜こうとした。（ハイテク分野の覇権を目指す産業政策の）中国製造2025について『とても無礼だ』と（習近平主席に）伝えた。計画は（中国が）2025年に経済面での世界支配を目的としているからだ」

トランプが、「米国の世界覇権の維持・継続」という目的・目標を達成するためには、①米国自身の政治・経済・軍事・科学技術を世界一に維持するよう努力すると同時に、②中国の経済・軍事・科学技術の台頭を抑え込み、ひいては習近平の中国共産党の弱体化、さらには崩壊させること（代わって、自由民主主義勢力の台頭を援助すること）が必要であろう。

ちなみに、米国経済に明るい兆しが見えてきた。米国は、製造業や小売りなどのモノを扱う産業から知識集約型産業への転換を図り、成功しつつある。すなわち、米国はデジタル化への集中投資で知的財産などの「見えぬ資産」が利益を生む産業構造に転換し、世界の利益の4割を稼ぐようになった（2019年1月23日付の日本経済新聞）。このように、米国の経済発展の鍵は「知的財産」なのである。

経済戦争の主目的は、貿易赤字を減らすことではなく、中国が、不法な知的財産取得により科学技術の面で米国を追い越すのを阻止することで、それにより、中国の目論む産業革命ひいては永続的な経済発展にダメージを与えることであろう。さらに具体的な目標として挙げれば、「一帯一路」と「中国製造2025」などの富国強兵戦略（後で詳述）を頓挫させることであろう。

トランプの「米国・ファースト」というスローガンには、「米国最優先」という意味のほか、「米国を世界ナンバーワンであり続けさせる」、ひいては「米国の世界覇権（パクス・アメリカーナ）を維持、継続させたい」という意図が込められているのではないだろうか。

なぜトランプは軍事作戦ではなく経済戦争を選んだのか

対中国経済戦争の理論的背景はリデル・ハートの「間接アプローチ」

トランプが中国に対して経済戦争を仕掛けた戦略理論的な背景は、英国の軍事評論家リデル・ハート（1895～1970年）の「間接アプローチ」であろう。「間接アプローチ」は、戦略レベルにおいても戦術レベルにおいても相通ずる原則である。「間接アプローチ」の第1のポイントは、「目的達成のために要する人的・物的損害を最小化する」ことである。

国家戦略レベルにおける「間接アプローチ」は、相手国と正面から武力衝突するのではなく、間接的な手段として同盟国への支援や、シーパワーを駆使した経済封鎖・通商破壊など、敵が予期しない（敵の裏をかく）間接的な手段を用いて弱体化させ、攪乱し、敵（中国共産党）の政治指導体制の混乱や全国民的な士気崩壊（共産党政権に対する信頼喪失）により政治目的を達成しようとする戦略である。そうすれば、人的・物的損害を最小限に抑えて政治目的を達成できる。

また、軍事戦略・戦術レベルにおける「間接アプローチ」は、敵の警戒が厳重で、自軍の攻撃に対して十分に準備した強い防衛正面に対する攻撃を避け、敵の配備・準備が手薄で脆弱な正面（後方連絡線や、指揮組織など）の攻撃・破壊によって敵の抵抗を無力化・マヒ状態に陥らせる戦略・戦術である。そうすれば、軍・部隊レベルで、人的・物的損害を最小化することができる。

ハートの「間接アプローチ」に従えば、米国は、中国の軍艦・戦闘機・大陸間弾道ミサイルの破壊や中国軍兵士の殺傷といった方法によらずに、経済戦争の戦果を最大化することを追求すればよいわけだ。それによって、戦略目的である「米国が甚大な損害を被ることなく、中国の経済・軍事・科学技術の台頭を抑え込み、ひいては習近平の中国共産党を弱体化し崩壊させること」が達成されるのである。

ハートが主張した第2のポイントは「何が可能か」である。ハートは、「絵に描いた餅を追求するのではなく、現実的に実行可能な目標を追求することが重要である」、と教えている。トランプが考えたのは、「現実的に、どのような策が中国に対して可能なのか」であったはずだ。

ハートの第3のポイントは、予備目標の準備と対応策の柔軟性である。ハートは、ある目的を達成するために1つの目標にこだわるのではなく、いくつかの目標に対して柔軟に対応できる策を整えておけば、敵の状況判断を困難にし、また混乱を助長できると主張している。彼は、「複数の目標を準備しておけば、敵をジレンマの立場に追い込み、敵の守備の最も薄い目標を少なくとも1つは攻略できる機会を確保するところまで進むことができ、またそれを手がかりとして逐次に次なる目標を攻略することが可能となろう」と述べている。また対応策に柔軟性を持たせることで「成功を収めた場合もしくは失敗に陥った場合のどちらでも、次の状況に対応することができる」としている。

トランプ政権は、経済戦争に代わる複数の目標や手段（対応策）を準備しているはずだ。中国の対応次第で、次々に新たな策を繰り出して、主導権を握り、習近平の野望を打ち砕こうとすることだろう。後で述べるが、中国の通信機器最大手の華為技術（ファーウェイ）の孟晩舟・副会長兼最高財務責任者が、米国の要請によりカナダで逮捕されたことなどは、米国の〝選択肢の多さ〟を物語るものであろう。

いずれにせよトランプは、このようなリデル・ハートの「間接アプローチ」を理論的根拠に、中国に対して経済戦争を発動したものと思われる。

米中軍事戦争は双方に受け入れられないダメージをもたらす

トランプは、前述の目的・目標――「中国の経済・軍事・科学技術の台頭を抑え込み、ひいては習近平の中国共産党を弱体化し崩壊させること」――を達成する上で、中国を上回る圧倒的な軍事力を行使できる。

一方、今日では中国も米国に甚大な損害を与え得る軍事力を保有するに至っている。それゆえ、米中が軍事力による戦争をすれば、例え核兵器を使わない場合でも双方が耐えられないほどの甚大な惨害を被り、米国が世界を支配するパクス・アメリカーナも中国が東アジアを支配するパクス・シニカも達成することはできなくなる。米中が戦争で疲弊すれば、それに代わってロシア、インド、日本などが世界的・地域的な影響力を強めることになる。中国が疲弊して分裂すれば、台湾が大陸を併合し新しい政権をつくるかもしれない。現在のパワーバランスからは想像すらできないが、事実は小説よりも奇なる展開をするものである。

トランプとしては、「米国が甚大な損害を被ることなく、中国の経済・軍事・科学技術の台頭を抑え込み、ひいては習近平の中国共産党を弱体化し崩壊させること」ができる方策を採用する必要があった。その方策こそが、米中経済戦争だったのである。

上記に関し、リデル・ハートの視点からは、チャーチルが指導した第2次世界大戦の成果は不十分なものであった。なぜなら、対独戦争により人的・物的に疲弊した英国は、米国に世界の主導権を取って代わられたほか、ヒットラー・ドイツを壊滅させたことで、スターリン・ソ連の台頭を許し、東欧諸国をその支配下に委ねてしまう結果となったからだ。

軍事力の源泉は経済力

軍事力を建設・整備するためには莫大な国家予算（財政）が必要である。鄧小平は1978年から改革開放経済を導入し、以来、中国は目覚ましい経済発展を遂げ、今日では、日本を追い抜いて、米国に次ぐ経済大国にのし上がった。

中国は、経済成長の成果を直ちに軍事建設に投入し、国防費は極めて速いペースで増加している。改革開放から10年後の1988年の国防費を基準に取れば、その10年後の1998年には2・7倍、20年後の2008年には12倍、30年後の2018年には実に

51倍に膨張した。中国政府が発表した2018年度国防費予算案は約18兆4000億円で、日本の防衛予算の3・7倍に達している。

中国の国防予算は「偽装」されているという、シビアな見方がある。米国防省議会報告書（2017年6月版）によれば、中国の公表ベースの国防予算は、研究開発や外国からの兵器調達などは含まれていないという。従って、実際の国防予算は、公表ベースの約1・25倍以上といわれる。ちなみに、ストックホルム国際平和研究所（SIPRI）は、2016年の中国の国防予算は、実質的には、日本の5倍近くになると分析している。

国防予算の額は、直接戦力（装備）に投影されている。中国軍の近代的な水上艦艇は2001年には約15隻だったが、2017年には54隻まで増やし、海上自衛隊の護衛艦47隻を超えた。「第4・第5世代」に区分される現代的戦闘機も中国は同じ期間に100機以下から約800機まで増やし、航空自衛隊（約300機）を大きく超えた。

このように、中国の軍拡の源泉はその経済力である。それゆえ、米国が中国の軍拡を止めるためには、その経済力の発展を止める必要がある。米国が引き続き中国に対する経済的優位を維持・確保できれば、米軍は中国軍に対して軍事的優位を維持できるというわけである。

今次、トランプが中国に対する経済戦争を仕掛ける理由はここにある。

冷戦時代の米ソ対立との違い

米ソ間の貿易についてのデータは不明であるが、2015年1～4月の米国とロシアの貿易額は71億ドル（約8520億円）だった。これを単純に3倍にすれば年間約2兆5560億円となる。米国とロシアの貿易額がこの程度であることから、米ソ時代の貿易はこの額よりも相当低かったはずだ。そのために、米ソ冷戦時代には、米国による経済戦争・封鎖は有効な戦略・戦術にはなり得なかった。

一方、米中は相互に最大の貿易相手国である。2017年の統計では、中国から米国への輸出が5065億ドル（約57兆円）、米国から中国への輸出が1308億ドル（約15兆円）である。すなわち、冷戦時代の米ソ経済関係に比べ、今日の米中経済関係は圧倒的に強い利害・相互依存関係にある。中国はどっぷりとグローバル経済に組み込まれているということだ。

さらに米中貿易についていえるのは、中国の対米輸出が約4倍と米国の対中輸出を圧倒的に上回っていることと、米国の貿易赤字の半分近くを中国が占めていることだ。中国は、この貿易収支（黒字）に支えられ、飛躍的に経済発展を達成し、ひいては軍拡を進めることが可能となっているのだ。このことについて、トランプは「25年間で米国は中国を再建してあげた」と皮肉を込めて不満を述べたのだ。

このように、米中の経済相互依存（特に貿易）が相対的に高いこと、さらには中国の経済が米国に大きく依存していることが、トランプが対中経済戦争を発動できる前提となっているのだ。

米国は、なぜ「今」対中経済戦争を発動したのか

米中にとって「今」こそが将来の明暗を分ける〝剣が峰〟

米国にとっても中国にとっても「今」こそが、将来の明暗を分ける〝剣が峰〟に差し

掛かっている。〝剣が峰〟とは、「事が成るか成らぬかのぎりぎりの分かれ目、成否を決する瀬戸際」という意味である。トランプと習近平にとって「今」こそが、「国運の盛衰」を左右する極めて大事な時代なのである。米中相互に「食うか食われるか！」の際どい時期に差し掛かっているのである。トランプにとっては、オバマが諦めたパクス・アメリカーナを回復できる最後のチャンスであり、習近平にとっては、中国共産党独裁体制を堅持し、パクス・シニカに道を開くことができるかどうかが決まる時なのである。

東進ハイスクール講師の林修氏のCMで有名になった「いつやるか？　今でしょ！」という言葉がある。トランプ氏に「対中経済戦争はいつ仕掛けるか？」と聞けば林氏と同様に「今でしょ！」という答えが返ってくるに違いない。それどころか「オバマ政権以前の優柔不断で遅きに失したほどだ」と言うだろう。

トランプ大統領の登場は「天の配剤」か？

イギリスのチェンバレン内閣のナチス・ドイツに対する宥和政策がヒットラーの暴走を止められず、チャーチルが登場することになった。チャーチルは挙国一致の戦時内閣を組織し、ダンケルクからの撤退、バトル・オブ・ブリテンなど敗勢の挽回を図った。

トランプの登場は、この歴史を彷彿とさせる。もしも、オバマ大統領の後もそれまでの〝常識的な〟大統領であったなら、米国は対中経済戦争など発動しなかっただろう。

前述のようにギデオン・ラックマンがトランプについて、「本能的に、ヘーゲルがまさしく指摘したように自分さえよく理解できないその時代の流れや力を体現し、それらを自分に有利に使える直感的な政治家なのかもしれない」と評したように、彼は従来の大統領の世界観から大きくはみ出した〝型破りな大統領〟である。

そのようなトランプだからこそ、米国の外交方針について、エリート層の間で合意されてきた過去のやり方とは完全に決別し、米国の凋落を認め、手遅れにならないうちに世界秩序のルールを米国有利に書き換えようと努力しているのではなかろうか。

米国にとっては、まさに「天の配剤」といえるのかもしれない。ただ、それとは真逆に、「米国の凋落を加速させた大統領」という評価が下る可能性も否定できないのだが。

兵は拙速を聞く（孫子）

がんに打ち勝つためには、早期発見と早期治療が決め手である。喩《たと》えの適否は別として、米国が早期に対処しなければ、習近平の「中国版富国強兵戦略である『一帯一路』構想と『中国製造２０２５』構想を達成してパクス・シニカを実現する」という野望は、がんのように進行するだろう。

中国の野望に対しては、機先を制して速やかにこれを挫《くじ》くことが戦いのポイントであろう。孫子の兵法の１つに「兵は拙速を聞くも、未だ巧久しきを睹《み》ざるなり」というのがある。

その意味は、「戦争は長期化するほど莫大な戦費がかかり、軍隊は疲れ果てて戦力は低下する。従って、戦いというものは、多少の問題があっても素早く一気に決めるものであり、長く引き延ばして成功したためしはない」ということだ。

トランプが、中国に対する経済戦争を速やかに発動し、短期間に目的を達成することは孫子の教えに叶うことである。米国が、手をこまねいて経済戦争の発動をためらっていれば、中国の富国強兵戦略は着々と進捗し、米国はこれを挫く機会を失することになるだろう。

第四章

米国は対中経済戦争をいかに戦っているのか

参考になる戦史は、大東亜戦争開始までの日米交渉（交渉失敗例）とキューバ危機（交渉成功例）

トランプ陣営の道標

米中経済戦争を行う上で、トランプとその閣僚・スタッフたちは藁にもすがる思いで何か「道標になるもの」を探していることだろう。筆者は2つの戦史が役に立つのではないかと思う。それは、戦争を回避できた例としてのキューバ危機と、戦争を回避できず、結果としては米国の陰謀により開戦に誘導された大東亜戦争である（日本側から見て）。

キューバ危機は、1962年、キューバへのソ連のミサイル配備に抗議した米国がキューバを海上封鎖し、米ソの対立が核戦争の危機へと向かった事例である。最終的には両国首脳の直接交渉でソ連がミサイルを撤去し、危機は回避された。

ケネディ大統領の実弟で司法長官のロバート・ケネディが残した『13日間　キューバ危機回顧録』がある。この本には、核兵器による攻撃の応酬で、ワシントンやモスクワが廃墟になる恐怖の中でケネディとフルシチョフがギリギリの交渉を行う様子が描かれている。

米国にとって、キューバ危機が米中経済戦争の道標になるポイントは、①トランプと習の「平和的解決」に向けた強い信念とリーダーシップの重要性、②誤解を生まないための対話の枠組み、③強硬派（特に米中の軍部）の抑え込み、④（江戸開城における西郷・勝のような）全権代表による「落としどころ」の模索と交渉による合意への到達、⑤不測・偶発事態（キューバ危機では米国のU２機がキューバ上空で撃墜された）への対処、ではないだろうか。

日米戦争（大東亜戦争）では、米国（トルーマン）は、外交的・軍事的・経済的に日本を圧倒的に上回っており、主導権を持って日米交渉を行った。日本は、陸軍参謀本部の一部組織を除けば、天皇、政府、海軍、陸軍省ですら対米戦争には及び腰であった。米国は、このような日本に先制攻撃（真珠湾攻撃）をさせるように仕向け、総力戦（最終的には2発の原子爆弾も使用）により無条件降伏を強いた。

米国にとって、大東亜戦争が米中経済戦争の道標になるポイントは、①主導権を握っていかなる方向に中国を誘導し最終的な目的・目標を達成するか、②そのために、経済戦争の次にいかなる選択肢を選び、中国を挑発するのか、③貿易・経済から軍事にエスカレートする場合の対処要領、などが考えられる。

米国政府の経済戦争遂行体制

最高総司令官・トランプの強大な権限

米国が中国と事を構える時、大統領には強力な権限が与えられている。合衆国憲法の第2条第2節は、次のように定めている。

「大統領は、合衆国の陸海軍および合衆国の軍務に実際に就くため召集された各州の民兵の最高司令官である」

これが、大統領に与えられた権限のうち、連邦議会には与えられていない、唯一の権限である。条約、（人事）指名、予算、そして正式な宣戦布告には、議会の承認が必要だが、軍隊の指揮権は大統領だけにある。大統領は、合衆国軍の最高司令官（Comman der-in-Chief）としての指揮権を持っているのだ。それだけではない。外交政策の遂行は、実質的に大統領が一手に引き受けている。このように、対中経済戦争はもとより、それが米中軍事対決にエスカレートする場合も、トランプは大統領の権限で十分に対処できる。

軍歴のない型破りのトランプであるが、カジノ・ホテル運営会社トランプ・エンターテインメント・リゾーツや不動産会社トランプ・オーガナイゼイションの経営で幾多の修羅場をくぐっており、現在の時点で行われている中国との経済主体の戦争では、むしろその力量を十分に発揮できるのではないだろうか。

米朝首脳会談実現で見せたトランプの独断専行・トップダウンの政策決定から見て、米中経済戦争においてもトランプの影響力は大きいと思われる。トランプは単純で資質・能力的に劣っているわけではない。否、むしろ彼の直観力は名のある国際政治学者や戦略家よりも優れているのではないかと思われるところがある。何よりも、歴代大統領が躊躇していた対中強硬政策を採用し、凋落の一途にあった米国を、「アメリカ・ファースト」、「メイク・アメリカ・グレイト・アゲイン」、「キープ・アメリカ・グレイト」などのスローガンで国民をリードし、パクス・アメリカーナを再興しようと努力している点では、米国の歴史に名を遺す大統領となるであろう。

トランプは、交渉においてしたたかである。北朝鮮との核廃棄交渉においては、硬軟自在なところを見せたではないか。

米中間選挙で、民主党が下院を制したことにより、トランプは議会対応が幾分困難になる可能性もある。だが、民主党はもとより、米議会は超党派的にトランプの対中国強硬政策を支持するように変化したのは事実であろう。トランプの対抗勢力である民主党は、中間選挙で下院多数派を奪還したが、シューマー上院院内総務（民主党）は「中国は米国の知的財産権を盗み続ける真の敵国だ。対中政策ではトランプ大統領を支持する」と言い切る。

米中経済戦争の道筋を決める場は国家安全保障会議

米中経済戦争の道筋を決める場は、国家安全保障会議が主体となるであろう。この会議のメンバーは次のようになっている。

●議長：大統領
●法的参加者：ペンス副大統領、ポンペオ国務長官、シャナハン国防長官代行、ペリーエネルギー長官
●軍事アドバイザー：ミリー統合参謀本部議長
●情報関係アドバイザー：コーツ国家情報長官
●定期的参加者：ボルトン国家安全保障問題担当補佐官、マルバニー大統領首席補佐官代理、リカーデル国家安全保障問題担当次席補佐官
●追加参加者：ムニューシン財務長官、ウィテカー司法長官代理、ニールセン国土安全保障長官、シポローネ法律顧問、クドロー国家経済会議委員長、新国連大使（指名されていたナウアート氏が辞退）、マルバニー行政管理予算局局長

米国政府における従来の戦争の主役は、米陸軍・海軍・空軍・海兵隊であったが、今回の経済分野をメインとする経済戦争では、国家安全保障会議メンバーで経済分野に関係するムニューシン財務長官、クドロー国家経済会議委員長のほかに、メンバー外のロス商務長官、ライトハイザー通商代表、ナヴァロ通商製造業政策局長などが、何らかの

かたちで重用されるであろう。

現に、クドロー国家経済会議委員長、ムニューシン財務長官、ロス商務長官、ライトハイザー通商代表、ナヴァロ通商製造業政策局長は、2018年5月3日に北京を訪問して、中国の劉鶴国務院副総理らと通商協議を行い、その後、17日からワシントンDCで開催された第2回の通商協議にも出席した。

ムニューシン財務長官（対中協調派）を除き、これら経済・通商分野の幹部は、いずれも対中貿易で強硬姿勢を示す人たちで、トランプ政権の「米国第一主義」を推し進める上で、中核を担うメンバーである。トランプを中心に、これらの閣僚らが織りなす人間関係や強烈な個性・思想に基づく主張がどのように展開されるのか見ものである。

なお、今後、経済通商分野主軸から情報戦・謀略分野、さらには軍事分野へと事態がエスカレートする場合は、CIAや軍の幹部が占める役割が増大するだろう。

米国軍は、陸・海・空・海兵隊を統合軍として効率的に運用するための指揮・幕僚（スタッフ）組織・機能やその運用要領などに関して長年にわたり研究・改善を重ねてきた。このたびの米中経済戦争においては、米政府内の軍事・非軍事の多岐にわたる行政組織がコミットすることになる。これを、トランプ大統領（最高司令官）の下に、一元的に一貫性をもって運用するためには、全く新しい指揮・幕僚（スタッフ）組織・機能やその運用要領などが必要となろう。米政府内では、現在試行錯誤を繰り返しながらそれについての検討を行っていることだろう。

マティス国防長官は、当初、2019年2月末に退任する予定だったが、トランプの意向で2カ月繰り上げ（1月1日）の退任となった。事実上の更迭だ。マティスは、政権内では数少ない国際協調派・良識派で、米軍という巨大な実力集団を背景に、「トランプを止められる唯一人の男」として、政権の暴走を制御してきた。ケリー大統領首席補佐官も2018年末に退任した。ケリーは無秩序だった政権運営に一定のルール・規律をつくった。マティスとケリーは共に米海兵隊大将だった。

この2人が抜ければ、トランプ政権はより無秩序になり、さらに暴走する可能性が高まる恐れがある。米中経済戦争に関して、2人の辞任は、事態がさらに悪化し、緊張が高まる方向に作用するかもしれない。

米国の経済戦争計画の骨子

米国の大統領であろうと軍の司令官であろうと、巨大な組織を指揮して戦争をする場合の手順は、①状況判断および決心、②計画の策定、③任務付与・命令、④実行の監督、が不可欠である。

トランプは、米国政府のトップとして中国問題、北朝鮮の核問題、あるいは卑近な例では中南米から米国を目指す移民集団「キャラバン」の問題などさまざまな案件について日々状況判断を行っている。

トランプが対中経済戦争に関する状況判断を行う上での基本的な立脚点は、トランプの政治スローガン（アメリカ・ファーストなど）と「米国の基本戦略」であろう。「米国の基本戦略」は、米国の地政学に由来するもので、次の5項目である（ジョージ・フリードマン『100年予測』から）。

①米国陸軍が北米を完全に支配すること。

②米国を脅かす強国を西半球（中南米）に存在させないこと。
③侵略の可能性を排除するため、米国への（太平洋・大西洋からの）海上接近経路を米海軍が完全に支配すること。
④米国の物理的安全と国際貿易体制の支配を確保するため、世界の全海洋を支配すること。
⑤いかなる国にも米国のグローバルな海軍力に挑戦させないこと。

今回、中国に対して経済戦争を発動するに際しては、それだけで1冊以上の本になるほど複雑・広範な状況判断を多くのスタッフが時間をかけて検討・準備したことだろう。その上で、トランプは「対中国経済戦争計画」を策定したのは間違いない。何の計画もなく、無暗に経済戦争を仕掛けることなど、絶対にあり得ないことだ。

前述のトランプのスローガンや米国の基本戦略、さらには新聞などのメディアで報じられる米国の対中政策・活動などを総合的に勘案し、筆者が大胆に「対中国経済戦争計画」の骨子を書いてみた。今後、メディアなどで報じられる米国の動きをこの「対中国経済戦争計画」に照らしてご覧いただければ、米国の真意をうかがい知ることができるのではないかと思う。

著者が考える米国の経済戦争計画の骨子

1　情勢認識

⑴　中国の習近平政権は、「韜光養晦《とうこうようかい》」——1990年代に最高指導者の鄧小平が強調した「才能を隠して、内に力を蓄える」という中国の外交・安保の方針——をかなぐり捨て、米国の覇権に挑戦する姿勢を顕《あら》わにしている。

⑵　中国は、米国の覇権に挑戦するために、富国強兵政策を推進している。富国強兵策の柱は「一帯一路」と「中国製造2025」である。

⑶　中国は、従来の「世界の工場」による貿易立国政策では、少子高齢化などにより、将来の経済発展が見込めないので、人工知能（AI）、ロボット工学、ナノテクノロジー、量子コンピュータ、生物工学、モノのインターネット（IoT）、3Dプリ

ンター、自動運転車などの先進技術分野で世界をリードし、新たな産業革命の振興により「右肩上がり」の経済発展を目指している。

(4) そのために中国は、米国をはじめとする先進国の技術を盗用して、世界のトップに立とうとしている。中国によってハイテク覇権を握られることは「中国経済の世界制覇」実現を許すのみならず、米国の「安全保障上の脅威」ともなる。

2　米国の対処方針――経済戦争

(1) 米国の経済戦争の目的・目標は、「中国の経済・軍事・科学技術の台頭を抑え込み、ひいては習近平の中国共産党を弱体化し崩壊させること」、言い換えれば、中国の挑戦を退け、世界覇権（パクス・アメリカーナ）を維持・継続することである。

このために、非軍事的な手段（貿易、経済、知的財産の窃盗阻止など）を主体に、「真綿で首を絞める」ように、中国にダメージを与え、経済・社会・軍事・外交・内政など全般にわたって国力を削ぎ、米国の覇権に対する挑戦の意思を放棄させる。

このため、手始めに、経済戦争を発動する。この際、事態がエスカレートした場合に備え、究極的には核戦争に至るまでのシームレスな対中国政策・戦略を総合多角的に準備し、中国の対応を注視しつつ適宜発動・中止する。

⑵　対中経済戦争の目的は、あくまでも中国の企図（米国の覇権に挑戦）を挫くことである。このために、常に交渉の窓口を維持・確保し、各種作戦の進展状況・効果を見極めつつ、中国との交渉を通じ、米国として満足できる「妥協点」を模索する。

⑶　中国との覇権争いの「核心的課題」はハイテク覇権を握ることである。もし中国がハイテク覇権を握れば、「中国製造２０２５」を実現させ、経済も軍事も情報も米国に対して優位に立つことになる。米国はあらゆる方策を講じて、中国のハイテク覇権奪取を阻止し、米国のハイテク覇権を維持しなければならない。

3　実行すべき具体策

⑴　対中国政策・戦略としては、経済戦争、金融戦争、知財窃盗阻止作戦、中国の国内問題などを活用した情報・謀略戦、北朝鮮・台湾・インドなどをめぐる外交戦、軍事的な圧力（「航行の自由」作戦、ＩＮＦ条約破棄）などを多角的に準備・実行する。

⑵　米中経済戦争は、その展開によっては、米国・中国はもとより同盟国を含む世界

的な経済上のダメージ――最悪の場合は世界恐慌――が発生する恐れも排除できない。経済・金融・貿易などは人間の心理が大きく作用する分野で、絶対的予測ができないので、常に微妙なさじ加減をしながら「trial and error（試行錯誤）」を繰り返す必要がある。

(3)　中国を1つに結びつけているものはイデオロギーではなく金《カネ》である。景気が悪化して資金の流入が止まれば、銀行システムが収縮するだけではなく、中国社会の骨組み全体が揺らぐだろう。中国では、忠誠は金で買うか、強制するものだ。金がなくなれば、強制するしかない。景気が低迷すれば、企業倒産や失業が多発するため、社会不安が起こる可能性が高い。貧困層が多く、失業者を多く抱える中国では、経済戦争による景気の悪化で政情不安が広がる可能性が高い。

約14億人の人口を抱える中国の政治危機が東アジアはもとより世界に及ぼすインパクトは想像を超えるだろう。米国としては、中国共産党政権に対するデリケートな配慮も必要である。中国共産党政権崩壊の事態に関しては、別途対処計画を準備する。

(4)「対中国経済戦争計画」は、トランプ大統領の政治スケジュール——特に中間選挙（終了）と20年の大統領選挙——と吻合《ふんごう》されるべきだ。また、この計画は、トランプ大統領が2期続くことのみならず、その後の政権も同じ対中政策・戦略を継承することを前提として策定する。計画の期間は、中国建国100周年の2049年——「中国製造2025」のフェーズⅢ（2035〜2045年）」頃——までを視野に置く。

(5) 習近平政権の至高の目標・価値は、自己の保身と中国共産党の生き残りである。この目標・価値を脅かされる場合は、リスクを顧みず、軍事的手段に訴えるなど、強硬策にエスカレートする恐れがある。米国は、この点について細心の注意を払い、事態の悪化を回避すべきである。

(6) しかし、万一事態がエスカレートした場合に備え、各種シナリオ別の対処計画を策定すると同時に、軍事作戦へのエスカレート回避と、偶発的衝突事態回避の枠組みを併せて構築する。

対中経済戦争の実行状況

貿易戦争と関税引き上げ

中国の国力の源は経済である。その経済発展の源（エネルギー）は、極論をすれば「米ドル」である。中国は安価な労働力を生かした「世界の工場」と呼ばれる「錬金術システム」を構築・活用し、米国に安価な工業製品を輸出して、ドルを集金した。その様子を、筆者は〝吸血鬼〟のようだと比喩した。米国は血を吸われて貿易赤字（出血）を累積し、体力（国力）を消耗した。

中国は、保有する外貨準備（主にドル資産）に基づいて人民元を発行する「ドルペッグ制」を採っている。中国は、貿易黒字のほかにも諸外国からの直接投資によりドルを掻き集めている。中国にとっては、米国などから吸い取ったドルが増えれば増えるほど、その信用を裏付けに中国人民銀行が人民元を大量に発行できることになる。

一党独裁の中国は、こうして増刷した人民元を、「神の見えざる手」――市場経済の摂理――に委ねるのではなく、「米国との覇権争い」という中国の大戦略のために運用する。空母の建造やステルス戦闘機の開発、南シナ海における人工島の軍事拠点化などがそれである。

トランプにとって、中国の世界覇権という野望を挫く第1の戦略は、必然的に、「米国から中国への『ドル輸血』を止める（〝吸血鬼〟に血を吸わせない）」ことになる。トランプが、「対米貿易黒字を2000億ドル減らせ」と迫る理由はここにある。

トランプは、大統領選挙の期間中から、中国との間の膨大な貿易不均衡を問題として取り上げ始めた。トランプは大統領就任後、貿易不均衡の問題を解消するための米中交渉を行ったが、実を結ぶことはなく、ついに追加関税を課す措置を発動した。これが、米中経済戦争の始まりである。

追加関税措置は以下のように、4段階に分けられ、第2段階までは実施された。その概要は次の通りである。

［第1段階の関税措置］

2018年7月6日、トランプ政権は中国による知的財産の侵害を理由に総額340億ドル（約3兆7000億円）の中国製品（自動車、産業用ロボットなど818品目）

を対象に25％の追加関税を課した。世界一の製造強国を目指す中国の産業政策「中国製造２０２５」の対象製品が中心である。この追加関税措置は、不公正貿易に対する一方的な制裁を認めた米通商法３０１条に基づく措置である。

一方の中国は、報復措置として米国と同規模（３４０億ドル）の米国製品に25％の関税を上乗せした。中間選挙と次期大統領選挙を念頭にトランプの票田である農業やエネルギーに狙いを絞ったのが特徴で、まず大豆や自動車など５４５品目が対象であった。

【第2段階の関税措置】

同年８月23日、トランプ政権は、１６０億ドル（約１兆８０００億円）に相当する中国からの輸入品に追加関税を発動した。中国もただちに同規模で報復した。

米国が制裁を加える中国製品は半導体や化学品など２７９品目で、25％の関税を上乗せする。第１段階の制裁関税と合わせて５００億ドル（約５兆５０００億円）相当の中国製品が対象となり、中国からの輸入額全体の１割に相当する規模になる。

これに対し、中国も同じタイミングで１６０億ドル相当の米国製品に25％の追加関税を適用、自動車や古紙など３３３品目が対象である。

米国の対中制裁関税と中国の報復関税の概要

米国による制裁		中国による制裁
340億ドル規模 ●自動車 ●航空・宇宙関連 ●原子炉 ●産業用ロボット	**第1弾** 7月6日発動	**340億ドル規模** ●自動車 ●大豆、牛肉など農産物 ●海産物 ●ウイスキー
160億ドル規模 ●半導体関連 ●鉄道車両 ●化学製品	**第2弾** 8月23日発動	**160億ドル規模** ●自動車 ●鉄鋼 ●銅
2000億ドル規模 ●家具・家電 ●食料品 ●革製品	**第3弾** 時期未定	**600億ドル規模** ●LGN（液化天然ガス） ●航空機 ●レーザー機器

毎日新聞昨年8月23日付夕刊より

［第3段階の関税措置］

トランプ政権は同年9月24日、約2000億ドル（約22兆円）相当の中国製品に10％の追加関税を課す対中制裁関税を発表した。10％の税率は、2019年1月1日以降は25％に引き上げられる予定だった。中国も600億ドル（約6兆7000億円）相当の米国製品に5～10％を上乗せする報復関税を即日発表した。第3段階の発動により、両国の追加関税対象額は合計で互いの輸入額の5～7割まで拡大した。

米国が第3段階の対象としたのは家具や家電など5745品目で、第1、2段階の対象が産業機械や電子部品などの中間財や資本財が中心であったのに対し、第3段階は生活に身近な製品が多く含まれている。

ただし、後で詳述するが、米中両国は2018年12月1日の首脳会談で、米国が中国への追加関税を猶予すると決めた。米中は貿易問題で協議を続け、中国の知的財産保護などで妥結点を探る。米側は90日以内（2019年3月1日）と期限を区切り、合意できなければ2000億ドル分の中国製品の関税率を10%から25%に引き上げる。

【第4段階の関税措置】

トランプ政権は上記のように第1・2段階で計500億ドル分に25%の関税を課した。第3段階を発動すれば計2500億ドルと中国からの年間輸入総額（約5000億ドル）の半分に制裁関税を課すことになる。

残る2670億ドル分についても、トランプは2018年9月17日、中国が報復すれば追加関税を「ただちに」進めると強調したが、税率には触れなかった。

金融戦争と元の変動相場制

前項で、「米ドル」を「血液」になぞらえて、中国の国力（経済力・軍事力など）を削ぐためには、米中貿易の不均衡による中国の膨大な額の貿易黒字すなわち「米ドル」を減らす必要があり、その政策として、米国が段階的に追加関税措置を行っていることを説明した。

金融戦争の狙いも、経済戦争と同様に、中国に集まる「米ドル」を減らすことであるが、それは第2次世界大戦後、米国主導で確立したブレトンウッズ体制の要である「ドル覇権体制（ドル基軸通貨体制）」を守ることにもつながる。ドル覇権体制が維持されている限りは、米国の一極支配体制（パクス・アメリカーナ）は揺るがないだろう。

米国の金融戦争は、経済戦争と連動している。中国製品に対する追加関税措置により中国の貿易黒字を減らせば、外貨準備額が減少する。そうなれば、人民元は不安定化し、通貨・元を守ることができなくなり、変動相場制に移行せざるを得ない。その場合、人民元の価値は暴落するだろう。元安進行は、輸出に寄与するものの、中国からの資本流出圧力を強めるほか、中国経済の先行きに暗雲を予感させる効果がある。

中国が変動相場制に移行すれば、主動してきたアジアインフラ投資銀行（ＡＩＩＢ）やＢＲＩＣＳ銀行などはすべて破綻するだろう。

金融戦争の手段となる金融操作のノウハウとツールは〝資本主義の王国〟である米国に共産主義・国家資本主義の中国は遠く及ばないだろう。ちなみに、世界金融センターのランキングでは、ニューヨーク、ロンドン、香港、シンガポール、上海、東京、シドニー、北京、チューリッヒ、フランクフルトの順になっており、米国とその同盟国の影響力が優位を占めている。

トランプはユダヤ系米国人と彼らが支配する金融機関・資本（ゴールドマン・サックス、ソロモン・ブラザーズ、ウォーバーグ、ラザード・フレール、セリグマンなど）を味方にするための策ではないかと見られる挙に出た。２０１７年12月、エルサレムをイスラエルの首都として正式に認め、２０１８年５月のイスラエル建国70周年に合わせて米国大使館をテルアビブからエルサレムに移転した。イスラエルに対する過剰な肩入れは、中国との金融戦争を予期して、これを有利にするためにロスチャイルドをはじめとするユダヤ系資本を繋ぎ止めるためではないかと筆者は考える。なお、トランプの女婿クシュナー大統領上級顧問はユダヤ教徒である。

トランプは2019年2月6日、世界銀行の次期総裁候補に、中国への強硬姿勢で知られるデービッド・マルパス財務次官を指名した。マルパス氏が総裁に就任すれば、世界銀行の対中国融資に影響を与える可能性がある。世界銀行はIMF（国際通貨基金）とともに、米国が主導・支配してきたブレトンウッズ体制を支える組織である。

ちなみに、米国が仕かけた経済・金融戦争の効果か否か定かではないが、中国企業がドルの調達に苦戦し始めている。中国のドル建て社債の発行金利は直近3カ月の平均で7・8%と、1年前（5・6%）に比べ2%以上も上昇した（2019年2月17日付日本経済新聞）。

知財窃盗阻止作戦

国力の主な源泉は「金」と「情報・知的財産」と「軍事力（物理的な破壊力）」ではないだろうか。米国は、経済戦争と金融戦争で中国への「金」＝「米ドル」の流れを阻止しようとしている。米国は、それに加えて、「情報・知的財産」の中国への漏洩をも阻止しようとしている。米国は、次の報道のように、知財窃盗阻止のためにＦＢＩなどが中国のスパイに対して監視を強化しているという。

「トランプ政権発足後、全米各地で複数の中国系技術者が産業スパイ容疑で逮捕されている。彼らは、中国共産党中央組織部の海外高度人材招致プログラム『千人計画』の認定を受けたメンバーだ。『千人計画』は、海外の先進技術を中国に導入する目的で、過去10年間で約８０００人が認定された。メンバーは１人約１６００万円の補助金支給や子女の教育の手配まで、至れり尽くせりの待遇だ。中国内にポストを用意して呼び戻すケースも多い。

ＦＢＩは、数年前からこのメンバーを監視対象に指定したという。

医学研究の総本山である米国立衛生研究所（ＮＩＨ）では、今年8月から関係する約1万の研究機関に対して外国（中国を想定）政府からの支援を受けていないか説明を要求している。また、外国の干渉排除のため、ＦＢＩとの連携も行っている。

米国は、中国人に対するビザ発給の制限まで検討しているという。米国による中国人締め出しは、技術者だけでなく、理工系学生にまで広がる可能性がある」（２０１８年

11月14日付　日本経済新聞）

米国議会でも、党派を超えて米中経済戦争を支持する動きが広がりつつある。米民主党のハリスト上院議員——野党議員——は、2018年12月、中国による経済スパイ活動を摘発しやすくする法改正案を発表した。スパイ容疑者が米国人で、スパイ行為が米国内でなされた場合などに限られている現行の「告発要件」を大幅に緩和することがその趣旨である。米国の経済活動に実質的な影響を及ぼすものなら、米国人でなくても、米国外からのアクセスの場合でも、米司法当局が告発できるようになる。

これにより、海外にいながら米国企業が持つ知的財産を窃取したハッカーらを摘発しやすくなり、知財や通商に関わる米国企業の機密情報を秘密裏に取得しようとする中国による諜報活動に幅広く対処できるようになる。

米国は、中国が外国企業に強要する「技術供与」などを阻止する枠組みを国際的にもつくろうとしている。これに関してメディアは次のように報じている。

「世界貿易機関（WTO）がデータを使うビジネスの国際的なルールを作る。国家が個人や企業の情報検閲などで過度に介入すると競争環境がゆがむため、国によるデータ開示要請を禁止することなどを目指す。データ管理を強める中国などを念頭に置く」（2019年1月3日付　日本経済新聞）

情報・謀略戦

①共産党幹部のスキャンダル暴露

習近平は、「腐敗大国」の中国にあって、江沢民や胡錦濤一派などとの権力闘争の一環として、「反腐敗運動」を展開して、実権を確かなものにしようと腐心している。「反腐敗運動」は、貧富の格差が広がる中国では、共産党政権に対する人民の不満を解消する一策でもある。

その習近平自身とその側近に「腐敗」がないはずはない。腐敗は、共産主義独裁国家の文化であり宿痾《しゅくあ》にほかならない。米国のＣＩＡなどは、総力をあげて習近平とその側近のスキャンダル情報を収集していることだろう。

中国共産党幹部の不正蓄財に関する情報の一端は、思わぬところから出てきた。それがパナマ文書だ。パナマ文書とは、簡単にいえば、世界中の政治家や著名人などの富裕層の人々についての情報が詳細に書かれた膨大な量の機密文書（1150万件にも上る電子データ）で、パナマの法律事務所である「モサック・フォンセカ」から流出した。

世界中の政治家や著名人などの富裕層の人々は、租税回避や国民の怨嗟《えんさ》を避けるためにタックスヘイブンと呼ばれる国や地域（イギリスのケイマン諸島、スイス、ルクセンブルクなど）にお金を預け（隠し）ていたのだ。

莫大な金を持つ富裕層が税金を払わないで、その分を「持たざる大衆」が支払うことが明るみに出れば、大衆の怒りは富裕層（中国では共産党）に向けられるのは当然だ。この事実を知らされた世界中の国民の怒りは当然爆発し、実際にデモ行進や、納税ボイコットを起こした国さえある。パナマ文書の漏洩問題は、人類史上最大の漏洩事件とさえいわれる。

2015年、「南ドイツ新聞」が匿名の人物からパナマ文書を入手して、国際調査報道ジャーナリスト連合（ICIJ）——世界80カ国、107社の報道機関に所属している約400人のジャーナリストが所属——と協力して分析した。その結果としてICIJ

は、2016年5月に21万以上の法人と、その株主たちの名前を公表した。その中には、各国首脳や首脳経験者たち12人を含む多くの著名な政治家たちや富裕層の人たちが合わせて140人もいた。習近平周辺のスキャンダルに関しては、次のような報道がある。

「パナマ文書により、習主席の義兄のほか、（当時）中国共産党序列5位の劉雲山政治局常務委員、同7位の張高麗筆頭副首相の親族がそれぞれ租税回避地の法人を所有していたことが発覚した。

（中略）

国際調査報道ジャーナリスト連合（ICIJ）は14年にもオフショア取引に関して報道、シンガポールとバージン諸島の2つのオフショアファンドから流出した文書を分析しているが、ここでも習主席の親族による法人が登場している。

（中略）

また、12年には、ブルームバーグが国家主席に就任する直前の習氏の資産状況について報道。姉夫婦とその娘が、3億7600万ドル（約402億円）の資産を保有していると分析した」（2016年5月10日付の夕刊フジ）

国際刑事警察機構（ＩＣＰＯ）総裁を務めていた公安省次官、孟宏偉は、フランスから一時帰国中の２０１８年９月に消息不明となったが、中国国家監察委員会から「収賄」の容疑で取り調べを受けていることが判明した。孟氏の失踪は、ＳＮＳや電話を通じた脅迫を受けていたことを知らされていた妻によりフランス当局に通報された。失踪直前に孟氏は、動物の画像と刃物の絵文字で家族に危険が迫っていることを知らせていたという。

失踪はフランス国内で発生したものではないと判断され、ＩＣＰＯは両国間の問題として不干渉を表明する一方、中国政府に説明を要求した。

中国公安省党委員会は、孟氏を「自業自得の結果だ」と批判した上で、「政治的な立場や方針、原則において習近平同志を核心とする党中央との高度な一致を保たねばならない」とし、習氏への「絶対的な忠誠」を求めた。

この事件ついて、「エルネオス」誌11月号は、「孟氏は、世界中から警察情報が集まる国際機構のトップとして任期中に習主席の私的財産、特に米国に姉夫婦の名義を使って財産を隠匿した汚職行為についてかなりの情報を得たとされる」と報じている。習近平が、自らのスキャンダル漏洩を恐れて孟氏を拘束したものと思われる。

腐敗取り締まりの張本人である習近平自身とその側近が、所得隠しなどをしていることが明るみに出れば、約14億の人民は怒るだろう。また、習近平の政敵たちも黙っているはずがない。このように、習近平・側近のスキャンダルという情報は、核爆弾に相当する威力があるのだ。ＣＩＡが血眼で探さないはずがない。

②宗教戦争

ペンス副大統領は２０１８年10月4日、ワシントンでの演説で「中国市民に『迫害の波』が及んでいる」として、次のように述べた。

「ここ数年、中国は自国民に対して統制と抑圧に向けた急激な転換をした。中国は他に類を見ない監視国家を築いている。中国のキリスト教徒、仏教徒、イスラム教徒に対する新たな迫害の波が押し寄せている。新疆ウイグル自治区では政府の収容所に１００万人ものイスラム教徒のウイグル族を投獄し思想改造を行っている」

中国の宗教政策などについては、以下のような報道がある。

「中国は過酷な宗教弾圧を行い、『宗教の中国化』の名の下で、聖職者や信者を弾圧し、宗教から神仏を取り去り、『毛沢東などのヒーローを尊敬すれば天国に還れる』と教育しているという。教会は、共産党のプロパガンダ機関に変わりつつある。

米国国務省は、今年7月、80カ国以上の活動家、聖職者、NGOの代表者を招いて『信教の自由を促進する代表者の集い』を開催した。これにより、米国は『信仰の自由』の実現に向けたリーダーシップを発揮するという姿勢を内外に打ち出した。

集いでは、映画監督で米国に宗教難民として受け入れられたばかりのウイグル人のハリール・ハムート氏が講演し『再教育センターで中国政府は、ナチスがユダヤ人に対して強制収容所で行ったような大量殺戮を行おうとしている』と訴えた」(「ザ・リバティ」誌2018年10月号)

また、中国の法輪功に対する弾圧の凄まじさ(生きたまま臓器摘出など)は、夙《つと》に報じられているところだ。

米国は、このような中国の人権・宗教問題を世界に発信し、中国に対する悪感情を流布するとともに、中国国内の少数民族＝被抑圧民族に訴えて、反政府の機運を醸成しよ

第２図　イスラム教徒の分布状況と「一帯一路」の関係

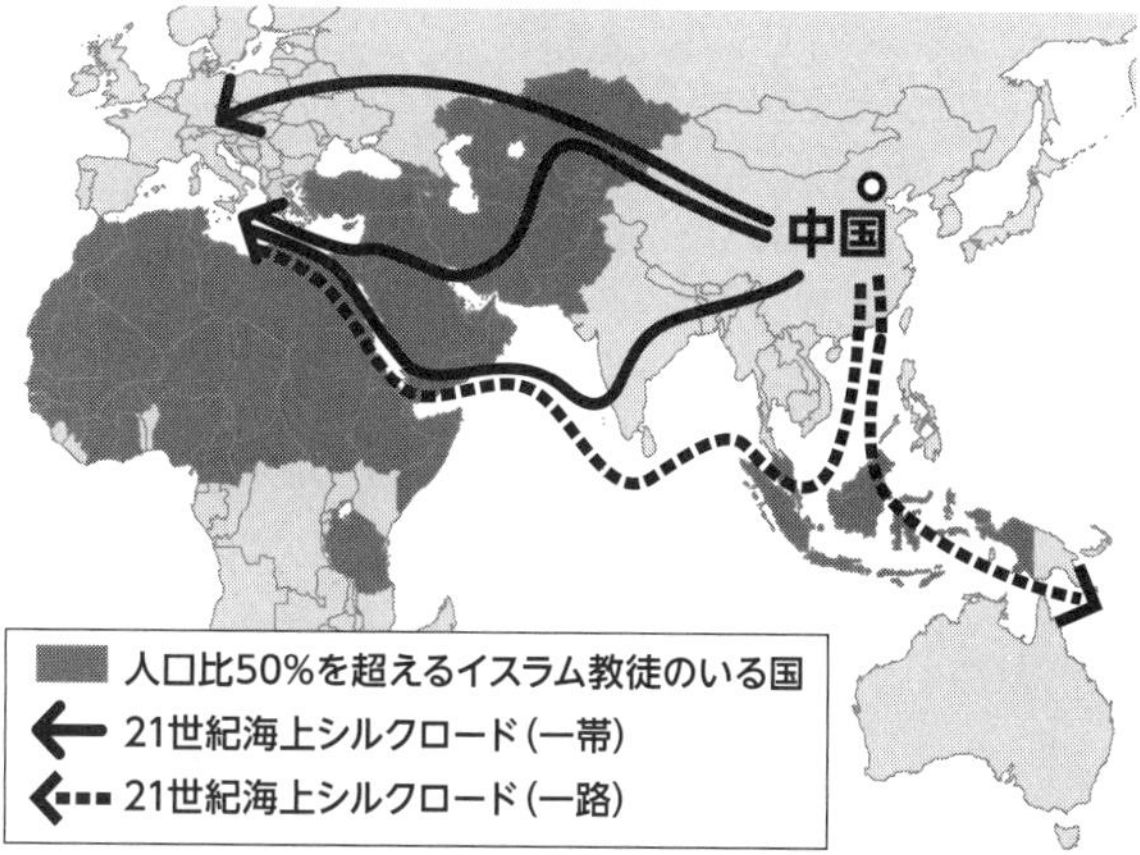

うと考えているものと思われる。

今日、イスラム教徒は約16億人で、キリスト教徒（約21億７０００万人）に次いで世界で２番目に多くの信者を持つ宗教である。イスラム教徒が多数居住する地域は、西アジア、北アフリカ、中央アジア、南アジア、東南アジアである。特にイスラム教圏の伝統的な中心である西アジア・中東諸国では国民の大多数がイスラム教徒であり、なかにはイスラム教を国教と定め、他宗教の崇拝を禁じている国もある。

第２図「イスラム教徒の分布状況と『一帯一路』の関係」のように、イスラ

ム教・文化の分布状況をマクロに見れば、イスラム教徒が国民の半分（50％）を超える国々は、中国の「一帯一路」を遮断するかたちで展開していることがわかる。すなわち、海路シルクロード（「一路」）では戦略的な重要性を持つマラッカ海峡周辺のマレーシア、シンガポール、インドネシアとスエズ運河正面のアフリカ北部の国々と中東諸国はすべてイスラム国である。また、これらの国々の中には、中国が依存する産油国も含まれている。

陸路シルクロード（「一帯」）では、新疆ウイグル自治区に隣接するタジキスタン、キルギス、トルクメニスタン、ウズベキスタン、カザフスタンというイスラム国が往来の壁となって立ちはだかる。

2018年末、中国政府とキリスト教カトリックの総本山バチカン（ローマ法王庁）が、それぞれ異なる司教を任命し、競合していた中国国内の2つの教区で、バチカン側が中国政府に譲るかたちで司教を一本化することに合意した。これにより中国が事実上、地下教会を吸収することになる。

早速、バチカン（ローマ法王庁）が任命した司教による中国の政府非公認組織「地下教会」の2つが12月16日までに、中国政府の公認教会に一本化された。中国共産党は、米国が宗教を通じて支配体制をゆさぶるのを恐れ、カトリックへの統制を一段と強めている。

③宣伝思想工作

２０１８年10月4日のハドソン研究所における演説で、ペンス副大統領は「ソ連の崩壊後、我々は中国の自由化が避けられないものと想定しました。21世紀に入ると、分別のある楽観主義をもって中国に米国経済への自由なアクセスを与えることに合意し、世界貿易機関に加盟させました。これまでの政権は、中国での自由が経済的だけでなく政治的にも、伝統的な自由主義の原則、私有財産、個人の自由、宗教の自由、全家族に関する人権を新たに尊重するかたちで、あらゆるかたちで拡大することを期待してこの選択を行ってきました。しかし、その希望は達成されませんでした」と述べた。

米国は、共産主義国家の中国が民主化することを期待していたのだ。米国の見通しは甘かった。米国は、中国の民主化を促す戦略――公然たる謀略――として「米国経済への自由なアクセス」を与えた。民衆が西欧文化に接し、経済的に富めば思想的には自然に民主化に向かうと思ったのだ。あるいは、ソ連の崩壊を見て「中国の民主化も近い」と考えたのかもしれない。しかし、中国共産党政権にそんな甘い戦略は通用しなかった。共産党政権は総力をあげて国内・国外に対して「宣伝思想工作」を行っている。国内に対する「宣伝思想工作」としては、共産党の序列が高位の中央政治局常務委員の下に、宣伝工作（プロパガンダ）に従事する中央・地方機関、官製メディア、国有企業、大学、金融機関、軍隊といった組織の担当者が日夜、目を光らせ民主・自由化——米国の間接侵略のツール——を封殺しようと努力しているのだ。

中国のスパイ防止システム（防諜態勢）は極めて優れている。最近の例を紹介しよう。ニューヨークタイムズなどが最近報じたところによると、中国で2010年から2012年の間に殺害されたり拘束されたりしたCIAのスパイは18人から20人に上り、大規模なスパイ網は既につぶされているらしい。CIA内部に中国の二重スパイがいたらしく、ここから中国側に中国内に潜むCIAのスパイ情報が漏れたらしい。

米CNNなどによれば、米国防総省国防情報局（DIA）の諜報工作員および米中央情報局（CIA）の幹部や現場工作員が、中国当局に一本釣りにされ、米国政府の機密情報を多額の現金で売り渡すという事件が増えているという。なかにはDIA工作員が15件もの米側の軍事情報を少なくとも80万ドル（約9000万円）で売り渡したり、CIAの中国国内の現地工作員名簿が現金100万ドル（約1億1000万円）と引き換えに中国側に渡ったという。これにより、CIA工作員20人が殺害・捕縛されてスパイ網が壊滅状態に陥ったというわけだ。

中国は1989年の天安門事件以降、反政府勢力を徹底的に弾圧している。中国人民の情報アクセスはインターネットなどの普及により飛躍的に便利になりつつあるが、ネット管理の強化などによる思想統制は習近平政権になって一段と締め付けが厳しくなっている。2010～11年頃、中東の反独裁主義の反乱――ジャスミン革命・アラブの春――が起こった際には、中国は自国に波及しないよう、「グレート・ファイアウォール」と呼ばれるネット検閲システムを強化するとともに、100人を超える活動家とブロガーを逮捕した。

2017年の中国人留学生数は、60万8400人で、このうち32万人余が米国で学んでいる。彼らは、中国による技術窃盗には励むが、自由民主主義の良さを体験し、これを祖国に伝えることには熱心ではないようだ。いや、実は当局による指導・監視がそれほど厳しいということか。米国は水面下で、これら留学生の洗脳や取り込みを図っているはずだが、まだその効果は見られない。

中国は、国外に対する「宣伝思想工作」も極めて野心的だ。オバマ政権時代、米政府系ラジオのボイス・オブ・アメリカ（ＶＯＡ）が年間８００万ドルの経費節減のために、２０１１年10月から中国語のニュース放送を停止した。米国の凋落が象徴される出来事だ、と筆者は思った。皮肉なことに、中国政府は70億ドルを投じる世界的な宣伝戦略の一環として、２０１２年に米ニューヨークのタイムズスクエアに中国中央電子台（ＣＣＴＶ）が運営する英語ニュースチャンネル（CGTN America）を設置し、24時間放送を始めた。

中国は、国家戦略的な観点から、「宣伝思想工作」の一環として、米国だけではなく世界規模でラジオ・テレビ放送を含むさまざまなメディア発信を展開している。その一例が、中国が西太平洋進出の一環として取り込みを強化している太平洋諸島（ナウルやバヌアツなど）への「宣伝思想工作」攻勢だ。オーストラリアの公共放送ＡＢＣがネットの時代に時代遅れだとして太平洋諸島向けの短波放送を中止したところ、空いた10の周波数に中国が素早く滑り込み、短波放送を開始した。中国の世界にまたがる「宣伝思想工作」攻勢を見ると、中国の世界覇権の野望が窺い知れるような気がする。

米ソ冷戦時代においても、米国は思想戦争を仕掛けたが、期待した成果は上がらなかった。共産主義独裁国家に対する思想戦争は通用しないのかもしれない。トランプ政権は、思想戦争で妙案があるのだろうか。

「木に竹を接《つ》ぐ」ような、共産主義・資本主義体制の中国が生存するための必須の要件は、「人民の民主化を絶対に阻止すること」である。さもなくば、中国共産党は生き残れないのである。習近平は、いかなる犠牲を払ってでも米国との「宣伝思想工作」に勝ち抜く覚悟だろう。

外交戦

米国外交の第一優先課題は、同盟国との外交関係の維持強化であろう。これに関してトランプは、「アメリカ・ファースト」のスローガンのもとに、近視眼的な対同盟国政策（一方的な国防費の増額や米国製武器の調達要求のほか経済と防衛を絡めた交渉など）を行い、同盟国との関係はこれまでの政権に比べて、劣化する懸念がある。マティス前国防長官は2018年末に公開した「辞表」の中で、「米国は同盟国との強い同盟を維持し敬意を示さなければ、国益を守ることはできません」とトランプの対同盟国政策を暗に批判している。

同盟国との外交の成否は別として、米国は、中国との世界覇権争いを念頭に、世界規模で活発に外交戦を実施している。本稿では、その中でも外交戦の焦点となっている北朝鮮、台湾およびインドをめぐる米中の綱引きについて説明したい。

①北朝鮮の核ミサイル開発問題を具にした米中の綱引き

朝鮮半島は地政的に見て、「大陸国家と海洋国家の攻防の地」であり、歴史もその事実を裏付けている。大陸国家とは、歴代中国王朝・政府とソ連・ロシアであり、海洋国家とはかつては日本、今は米国である。

朝鮮半島はユーラシア大陸東端から約６００㎞も太平洋に向かって南東方向にのびている。このために、朝鮮半島は、ユーラシア大陸に出現する大陸国家にとっては、太平洋方向に進出する際の足掛かりとなる地形であり、一方、太平洋に出現する海洋国家にとっては、ユーラシア大陸東部に進出する際のやはり足掛かりとなる地形である。

米国は、近年急速に台頭する中国が太平洋正面に進出するのを封じ込めようとしている。その際、封じ込めの拠点としては、日本、台湾、フィリピン、ベトナム、オーストラリアなどに加え韓国（朝鮮半島）もその重要な一翼を担っている。

米国は、その極東戦略にとって、日本をキーストーン（要石）と位置付けている。在日米軍基地のお陰で、米軍は東アジアから中東に至るまで戦力を投射できる。このように米国にとって重要な日本を中国やロシアの脅威から防衛するためには、朝鮮半島全体（韓国のみならず北朝鮮も）を日本防衛のバッファーゾーンとして、中国やロシアが完全に支配することは絶対に阻止しなければならない、と考えているに違いない。

中国の立場から見て、朝鮮半島に韓国という米国の同盟国が存在し、在韓米軍が配置されている現実はどう映るのだろうか。このことを米国の立場に置き換えて考えれば、それは、フロリダ半島南部に中国の同盟国が存在し、中国人民解放軍が配置されているようなものだ。しかもその背後のキューバ（日本に相当）には中国人民解放軍と数多くの基地が存在するのだ。

フロリダとワシントンの距離は約１２００kmだが、韓国・ソウルと中国の首都北京の距離は約９００kmしかない。このように見れば、中国にとって米国のいわば〝出城〟にあたる韓国・在韓米軍の存在がいかに脅威に映るか、ご理解いただけるだろう。

中国が、第１・第２列島線を突破するためには、日本よりも先に、朝鮮半島全体をその影響下に収めなければならない。習近平政権が、手練手管で韓国の朴槿恵前大統領や文在寅大統領を籠絡《ろうらく》しようとしているのはその証左ではないか。

朝鮮半島は、「大陸国家と海洋国家の攻防の地」という地政学に立脚すれば、北朝鮮の核ミサイル開発問題の本質は、米朝間の問題というよりも、米中の覇権争いの「具」というべきであろう。

朝鮮半島（北朝鮮・韓国）をめぐる米中の綱引きは、米中経済戦争以前から行われていたが、今や、米中経済戦争にしっかりと組み込まれたと見るべきであろう。

文政権の目に余る反日政策で悪化の一途をたどる日韓関係に、深刻な懸念を示す米国議会では、上下両院外交委員会幹部7人（超党派）の連名で、日韓の結束を促す決議案を両院に提出した（2019年2月12日）。

2018年6月にシンガポールで開催された米朝首脳会談では、北朝鮮の核ミサイル開発問題を「米朝」だけで交渉・解決する構図のように見えたが、実はそうではない。北朝鮮の核ミサイル問題を含む朝鮮半島問題の本質は、実は「米中による覇権争い」なのである。

筆者は、米中経済戦争が始まったことにより、北朝鮮の核ミサイル開発問題が「変質した」と考えている。トランプは当初、北朝鮮が米国本土まで届く大陸間弾道ミサイルとそれに搭載できる小型化した核爆弾を開発したことを脅威として、これを破棄させることを目的・目標として外交や軍事的圧力を強めてきた。

しかし、トランプは、米中経済戦争以降は、北朝鮮を「中国に対するカード」に使おうとしているのではないか。トランプにとって北朝鮮の非核化は「二の次（最高の優先順位ではない案件）」になった可能性が高い。米国は北朝鮮に対する制裁は継続しているものの、核ミサイルの廃棄については、北朝鮮に対して性急な要求はしていない。ポンペオ国務長官は、「2021年までの北朝鮮の非核化を目標に、北朝鮮政府との交渉を再開する用意がある」と述べた（2018年9月20日）。2021年といえば、トランプ政権1期目終了後であり、この問題の解決を2期目のトランプ政権か、ほかの大統領に委ねるという意味だ。

また、2019年1月17日付の日経新聞電子版によれば、前北朝鮮担当特別代表のジョセフ・ユン氏は、「米国が北朝鮮の非核化を一括ではなく段階的に進める方向にかじを切っているとの認識を表明。2度目の米朝首脳会談では核関連施設の廃棄と引き換えに北朝鮮への経済協力を実施する合意に至る可能性があるとの見方を示した」と報じている。

これらトランプ政権の北朝鮮に対する新たな動きを見るに、米国は、核ミサイルの破棄よりも、北朝鮮との融和・信頼関係の確立を優先・重視し始めたのではないか。その目的は、北朝鮮を〝属国〟と見なす中国を揺さぶることだろう。

これまで、トランプ政権は、北朝鮮の核ミサイル開発を阻止するために、中国に圧力行使を求めたが、中国は面従腹背でノラリクラリとかわし続けてきた経緯がある。米国は、そんな中国の態度を見て、従来の北朝鮮政策とは真逆に、北朝鮮に接近することで、中国に対する「揺さぶり策」、さらには「中朝離間策」の道具にしようと考え始めたのではないか。この策は、中国が韓国の朴政権・文政権を取り込もうとするやり方の逆バージョンなのだ。

2回目の米中首脳会談が、2019年2月27日から28日にベトナムで実施された。本書の校了時点（同年2月20日）では、会談結果について論述できないが、トランプの新たな対北朝鮮政策がより鮮明になるであろう。筆者は、本会談の最大の注目点は、トランプが「非核化よりも『中朝離間策』を重視し始めているかどうか」だと思う。それを占う着眼点は、「米国が北朝鮮に非核化の見返りを与えるかどうか」である。「見返り」を与えることになれば、トランプは「中朝離間策」を優先し、「非核化を後回しにする」方向に舵を切ったと見るべきだろう。さらに言えばトランプは、最悪の場合、北朝鮮のＩＣＢＭ（アメリカに届く）のみを破棄させ、ＩＮＦの破棄は求めない可能性が出てくる。

この場合、トランプは、従来の政権同様に北朝鮮から騙され（食い逃げされ）、米朝協議は、北朝鮮の「完全勝利」になる。ただ、トランプとしては、北朝鮮を少しでも米国の方に引き寄せ、米中経済戦争のカードに使えれば、満足するのかもしれない。このシナリオは、日本にとっては悪夢である。だが、必ずしも悪夢と言い切れるものでもない。筆者は、「北朝鮮が一旦手に入れた核ミサイルの破棄や破壊は、米国の軍事攻撃（外科手術的攻撃）なしに、外交で達成されることはない」と確信している。朝鮮半島で戦火が勃発すれば、夥しい日本人の生命が失われるのは確実だ。それゆえ、日本としては、米国による北朝鮮に対する軍事攻撃は絶対に受け入れられない選択肢なのである。日本は、受け入れ難いところではあるが、「北朝鮮の核ミサイル保有」を前提とした、抜本的な安全保障政策（非核三原則の見直しなど）を模索・構築すべき時に来ているのではないだろうか。

一方の中国は、北朝鮮のみならず韓国をも自陣営に取り込み、朝鮮半島全体を支配下に置くことを目指している。それどころか、韓国を利用して、日米の間に楔《くさび》を打ち込み、日本を影響下に入れることさえも狙っている。中国は、沖縄を日本から離脱させる策をも実行しており、北東アジア全体を支配下に入れる野望を持っているのは確実だ。

中国は、核ミサイル問題を「口実」に、中国を除外した米朝だけの交渉は絶対に認められないという立場だろう。すなわち中国は、「蚊帳《かや》の外」に置かれ、米朝だけで物事が決められ、最悪の場合、北朝鮮が米国に「寝取られる」ことを恐れている。中国は自国の利益のために、今後もしっかりと北朝鮮の核ミサイル開発問題にコミットし、金正恩を自陣営に繋ぎ止める意向だろう。

金正恩が1月7日から10日まで訪中した。金正恩が米中首脳会談前に中国詣でをする真意は、従来のように「中国の後ろ盾を得る」ことから、「中国の猜疑心――北朝鮮が米国から寝取られる――を払拭する」ことに変わりつつあるのではないか。トランプの「北朝鮮を使った中国揺さぶり策」が功を奏し始めた感がある。

②米国による台湾へのテコ入れ

ロシアが我が国の北方領土に拘るのは、米国に対する報復核戦力を維持するためである。ロシアは、米国と戦略核バランスを図る上で、「戦略核の3本柱」――①戦略爆撃機、②弾道弾搭載原子力潜水艦、③大陸間弾道弾を保有している。「戦略核の3本柱」の1つであるオホーツク海に遊弋《ゆうよく》する弾道弾搭載原子力潜水艦を米国の攻撃から守るためには、北方領土が手放せないのだ。

中国も、「戦略核の3本柱」の構築に努力している。その中国にとって、オホーツク海に相当するのが南シナ海なのである。南シナ海は、中国にとって、晋《ジン》型弾道弾搭載原子力潜水艦を遊弋させる海域としても不可欠なのである。

中国にとって、米国と肩を並べる軍事超大国となるための核報復能力を獲得する上で、どうしても支配権を手に入れなければならないのが南シナ海なのである。南シナ海には水深3000～4000mで弾道弾搭載原子力潜水艦を配備するのに適した海域が幾つかある。弾道弾搭載原子力潜水艦なら米国から核攻撃を受けても、その第1撃から生き残って米国本土に対して核ミサイルによる報復攻撃を加えることが可能である。中国としては、弾道弾搭載原子力潜水艦による報復能力を持つことで初めて核戦力バランスにおいて米国と肩を並べることが可能となる。

中国にとって、南シナ海は「一帯一路」構想にとっても重要である。南シナ海は「一路」の「出口」であり、「入り口」でもある。日本の立場に置き換えれば、南シナ海は東京湾や大阪湾とその周辺海域に相当するものである。米国もかつて、戦艦メイン号爆沈という謀略により米西戦争を仕掛け、勝利したことでカリブ海からスペイン海軍を追い出すことに成功した。当時の米国にとってのカリブ海が、今日の中国にとっての南シナ海なのである。

中国のこのような狙いを阻止する上で最大の貢献をしているのが、南シナ海の北側から睨《にら》みを利かしている台湾の存在である。中国は台湾をコントロールしない限り南シナ海を聖域化することも、中国海軍がフィリピン・台湾から九州に至る第一列島線を突破して太平洋に進出することもできない。

前述のように、米国の地政学から派生する5項目の基本戦略のうち、「米国への侵略の可能性を排除するため、米国への海上接近経路を米海軍が完全に支配すること」、「米国の物理的安全と国際貿易体制の支配を確保するため、全海洋を支配すること」および「いかなる国にも米国のグローバルな海軍力に挑戦させないこと」という3項目は、「米国海軍により世界の全海洋を支配すること」と要約されよう。

この基本戦略に照らせば、米国は南シナ海を中国の支配に委ねることは絶対にあり得ない。米国にとって、海洋支配、特に米中覇権争いの焦点となっている南シナ海をコントロールする上で、台湾は絶対不可欠な価値を有する地勢なのだ。

中国にとっても前述の理由で、太平洋、インド洋に進出するためには、台湾の統一は不可欠な戦略的課題である。また、台湾統一は、中国共産党政権にとって最優先の政治課題――核心的利益――でもある。

トランプ政権は、従来の政策を変更し始め、台湾へのテコ入れやその周辺海域への関与を強める方針を鮮明にしている。台湾統一を目指し、営々と政治・軍事的圧力を強めている中国と真っ向から対立する姿勢が目立つ。米国にとっては、経済戦争において、中国との交渉を有利に運ぶための切り札となるばかりか、武器の主要輸出先としても台湾の存在価値は高まっている。とはいえ、トランプの台湾政策変更が、当然の帰結として中国との対立激化に繋がることは避けられない。

トランプ政権による台湾へのテコ入れの表向きの理由は、中国の台湾に対する軍事的圧力が強まっていることだ。シュライバー米国防次官補は2019年1月18日、ワシントンでの講演で「中国は爆撃機を飛行させたり、軍事演習を繰り返したりして台湾への軍事的圧力を強めている」と懸念を表明し、台湾を軍事・防衛面で後押しする方針を明らかにした。

米国による台湾へのテコ入れは、このところ加速している。トランプ政権は2017年末にまとめた国家安全保障戦略で、台湾との関係については「必要な合法的な防衛力を提供する」とともに、「(中国の) 威圧を抑止する」と明記し、関係強化に努める方針を打ち出した。

米海軍は、台湾海峡通過を繰り返す姿勢を見せている。台湾国防部によると、米海軍のイージス駆逐艦「マスティン」と「ベンフォルド」が、2018年7月7日に台湾海峡を航行したと発表した。米軍は同年7月に中国の空母「遼寧」が台湾海峡を通過した際にも、艦船を派遣し、動向を監視した経緯がある。台湾国防部によると、米軍艦2隻は2018年10月22日、台湾最南端のバシー海峡から台湾海峡の「国際水域」を北上したと発表した。米国防筋は米艦船の航行の頻度を今後、増やす可能性があると示唆している。

2018年7月には、米国製の軍用ヘリコプター「アパッチ」29機を実戦配備した。これらのヘリコプターは、米国がブッシュ（子）政権時代の2008年に売却を決め、2013年に納入が始まり、台湾は運用訓練を続けてきた。攻撃性能の高いアパッチは「戦車キラー」とも呼ばれ、中国軍が台湾に侵攻した場合の防衛を担う。

トランプ政権は2018年3月に、米国と台湾との間であらゆるレベルの高官の相互往来を解禁する台湾旅行法を成立させた。同年4月には「対中強硬派」と目されるボルトン大統領補佐官（国家安全保障問題担当）が新たに就任した。同氏はかつて台湾への支援強化を訴えた経緯があり、米台接近のキーマンとしての存在感が高まっている。結果的には見送られたが、6月に開いた米国の事実上の在台米大使館新庁舎の落成式へのボルトン補佐官の出席案も一時は取り沙汰されたほどだ。

2018年5月には、台湾・高雄で軍需関連産業の関係者が集まる会議「台米国防産業フォーラム」が初めて開催され、米台の協力推進について議論した。

同年12月31日には、米国とアジア諸国との安全保障や経済面の包括的な協力強化を盛り込んだ「アジア再保証推進法」が成立した。米国は同法により、東南アジア諸国の海洋警備や軍事訓練などを推進する。また、同法には台湾への防衛装備品の売却推進や米政府高官の台湾訪問の推進が盛り込まれている。

２０１９年１月15日には、米国防情報局（米国防総省の情報機関）が中国の軍事力に関する報告書を出した。米国防総省は、同報告書で、急速に進む中国・人民解放軍の近代化の主要な要因として、習近平が目指す台湾統一があると分析。「台湾への軍事オプションを可能にする」ために最新鋭の兵器の開発・保有を急いでいる、との見方を示し、台湾侵攻への警戒感をあらわにした。

米中の経済戦争が激しさを増す中で、トランプが台湾を交渉カードに使うのは当然の成り行きだろう。トランプの台湾政策は、単なる交渉カードだけではなく、前述の「台湾の戦略的重要性」を認識しているからでもあろう。

一方、中国にとって、台湾は譲歩できない「核心的利益」であり、最も敏感な問題だ。中国は、中南米において「台湾国交樹立国」の切り崩しを進めており、この３年間で、台湾と断交し中国と国交を樹立したのは、パナマ、ドミニカ共和国、エルサルバドルにアフリカのサントメ・プリンシペ、ブルキナファソの２カ国を加えた５カ国だ。米国はこの状況に懸念を示しており、お膝元ともいえるラテンアメリカのドミニカ共和国、エルサルバドル、パナマの米大使を召還し対応を協議した。また、2018年9月13日に予定されていた米国とエルサルバドル、グアテマラ、ホンジュラスの4カ国による外相協議を米国務省は中止し、今回のエルサルバドルの台湾との断交を理由に、米国はこれら3カ国と策定した「北部三角形の繁栄のための同盟計画」への経済支援を打ち切る意向を示している。

現在台湾と国交があるのは、17カ国のみで、そのほとんどが中南米の国々や太平洋の小さな途上国である。

米国はオバマ前政権時の2014年に、米国への不法移民が最も多い中米のグアテマラ、エル・サルバドル、ホンジュラス（北部三角形と呼ばれる）の経済発展に米国が協力するという意味で「北部三角形の繁栄のための同盟計画」というプロジェクトを創設し、そのための支援資金として当初13億ドル（約1400億円）を用意した。その狙いは、この3カ国の経済を発展させて米国への不法移民を減らそうという目的であった。

今次エルサルバドルと中国との国交樹立の影響で、「北部三角形の繁栄のための同盟計画」に参加しているホンジュラスが間接的に被害を受けることになるという。ホンジュラスはこの同盟3カ国の中で米国への経済的な依存度が最も高い国だからである。貧困と腐敗が高いレベルにあり、米国からの経済支援をグアテマラとエルサルバドル以上に必要としている。

余談になるが、2018年10月、ホンジュラスからキャラバン約6500人が移民を目的に、米国に向けて移動を始めた。貧困や犯罪、暴力で苦しむホンジュラスの市民が、SNSの呼びかけなどに応じて、一斉に米国へ向け移動を開始したのだ。隣国グアテマラの国境を突破し、10月19日にはメキシコ国境に到着した。現在、メキシコ市の仮設保護施設で今後の前進に備えているという。

このキャラバンの背後には中国の謀略が働いているのでは、と勘繰る向きもある。そうでない場合でも、中国は中南米に進出することにより、米国を揺さぶることができる「新たな策」が手に入ることを学んだことだろう。今後、中南米においても米中の角逐《かくちく》が激しくなる可能性がある。

地政学から派生する5項目の米国の基本戦略の中には、「米国を脅かす強国を西半球

（中南米）に存在させないこと」が含まれており、トランプは中国が中南米に勢力を拡張することは絶対に許さないはずだ。

米国の台湾擁護の動きに対し、中国外交部の報道官は、「どの国と国交を結ぶかは、主権国家の権利であり尊重されるべきだ」、と述べた。さらに「米国自体が『一つの中国』を認め、何十年も前に中華人民共和国と国交を樹立した国だ」と皮肉った上で、「他国が中国と国交を持つことを正しく認識し、台湾問題を慎重に扱い、無責任な行動をとらないようにすべきだ」、と米国を牽制した。

中国は台湾の取り込みに一瞬たりとも手を緩めることはない。2018年11月の台湾統一地方選挙では、与党の民進党が「中国の代弁者」の国民党に大敗を喫し、蔡英文総統が党主席を辞任する事態となった。当然のことだが、この選挙にも中国の謀略が一定の影響をおよぼしたのは確かだろう。

習近平は2019年1月、台湾統一の在り方として、香港などで実施している「1国2制度」を示し、台湾に具体化に向けた政治対話を迫った。これに対して蔡英文総統は、「受け入れられない」とした上で、武力行使も排除しないとする中国に対抗するため、防衛能力を強化する考えを示した。

③インドをめぐる米中の綱引き

米中の覇権争いにとってインドは極めて重要な地政学的な位置を占める。米国にとって、インドを抱き込めば中国と国境を接するカウンターパワーとしてだけでなく、中国包囲環の重要な支柱として活用できる。また、インドは、地政学的に見て、中国の「一帯一路」戦略を遮断する位置を占める。すなわち、インドは中国からヨーロッパに向かう「一帯」（陸上のシルクロード）を南方から脅かす位置にあり、また、中国から中東・アフリカ・ヨーロッパに向かう「一路」（海上のシルクロード）のインド洋正面に睨みを利かす地の利を占めている。また、インドの人口は２０２２年には中国を抜いて世界最大となり、経済的に見れば今世紀後半には世界一になるとも予測される。

このような理由で、米中が覇権争いをする上で、インドを取り込むことは極めて重要となる。このような観点から、トランプは安倍総理が２０１６年に提唱した「自由で開かれたインド洋」戦略に同調した。トランプは、同戦略を踏まえ、米太平洋軍を「インド太平洋軍」に改称したほか、ペンス副大統領も２０１８年10月、インド太平洋地域への６００億ドルの経済支援を打ち出した。同年11月の20カ国・地域（Ｇ20）首脳会議（アルゼンチン）の機会をとらえ、日本・米国・インドの首脳会談が開かれた。

習近平は東の米国と西のインドという2正面作戦を回避するために、２０１８年４月にはインドとの首脳会談を実現させ、衝突寸前と懸念された国境紛争の回避強化策の合意に漕ぎ着けた。また、20カ国・地域首脳会議の場では、ロシアを引き込んで中国・インド・ロシアの首脳会談を実現させ、トランプに対抗した。

軍事的な圧力

米国は、経済戦争に並行して軍事分野でも中国に圧力をかけている。ここではその中で、「航行の自由」作戦、中距離核戦力全廃条約（ＩＮＦ条約）破棄について述べる。

①「航行の自由」作戦

マハンのシーパワー理論を信奉し、「米国海軍により全海洋を支配すること」を基本戦略に据える米国にとって、他国（特に中国）が領海や排他的経済水域に対して海洋権益を過剰に主張することは絶対に認められないことである。

米国は、度を越えて海洋権益を主張していると判断した国の海域や空域を対象に、米軍の艦船や航空機を派遣する作戦――「航行の自由」作戦――を実施している。米国による「航行の自由」作戦は、国際法に基づき、すべての国が自由に海・空域を使えることを保証するため定期的に行っている。

米国は、南シナ海において、中国の支配を既成事実化させないように、海空軍の艦船と航空機を事前の許可なく南シナ海を航行させる「航行の自由」作戦を繰り返している。

米海軍は、2017年10月と翌年9月に、中国が「領海」と主張している南沙（スプラトリー）諸島の岩礁を埋め立てた人工島から12海里《かいり》（約22km）内に、米海軍の軍艦2隻を派遣した。2018年1月と5月に西沙（パラセル）諸島周辺でも軍艦2隻を航行させた。米国は、中国の人工島に対して、3カ月に1～2回のペースで「航行の自由」作戦を実施する方針とされる。

最新の「航行の自由」作戦としては、米海軍の駆逐艦2隻（スプルーアンスとプレブル）が２０１９年2月11日、南シナ海・南沙諸島のミスチーフ礁付近を航行した。米中次官級貿易協議の開始に合わせた米軍の作戦には、中国の構造改革など対立点をめぐる議論が本格化するタイミングで、中国に圧力をかける狙いがあったとみられる。

なお、米空軍は、「航行の自由」作戦の空軍版である「継続的爆撃機プレゼンス作戦」として、２０１８年６月６日、９月16日、11月19日に核兵器を搭載可能なＢ52戦略爆撃機２機をもって南シナ海上空を飛行させた。

当然のことだが、中国はこれに強く反発している。トランプ政権になってから初めて南シナ海で実施された「航行の自由」作戦（２０１７年５月）――米艦がミスチーフ礁の沖合を通過――に際しては、外務省報道官が「米国艦艇の行動は、中国の主権と安全を脅かし、不測の事態を招きかねない。我々は強烈な不満を表し、断固反対する」と述べた。

２０１８９月30日には南シナ海で、米太平洋艦隊所属の米イージス駆逐艦に中国の駆逐艦が異常接近する事態が起こった。米太平洋艦隊のスポークスマンらによれば、米イージス駆逐艦「ディケーター」が「航行の自由」作戦として南シナ海の南沙諸島にあるガベン礁の近辺を航行中、中国の駆逐艦が41ｍの至近距離まで接近したという。米側の警告にもかかわらず、中国側は繰り返し攻撃的な動きを見せたという。「航行の自由」作戦に反発した中国が挑発行為を試みたものと見られる。

２０１８10月中旬、マティス国防長官は北京を訪れて外交・安保対話を行う予定だったが、この中国駆逐艦による挑発事態を受けて中止となった。

②中距離核戦力全廃条約（ＩＮＦ条約）破棄

旧ソ連の弾道ミサイルを、侍が腰に差す「大刀」と「小刀（脇差《わきざし》）」になぞらえれば、「大刀」に相当するものが射程５５００㎞以上の「大陸間弾道ミサイル」（ＩＣＢＭ）で、「小刀」に相当するのが、射程５００㎞から５５００㎞の中距離弾道ミサイル（ＩＮＦ）である。ソ連は、ＩＮＦとして射程が５０００㎞のＳＳ－20（欧州の主要部を射程内に収める）を１９７６年に就役させた。すると、欧州のＮＡＴＯ加盟国は、自国がソ連からＳＳ－20で攻撃された場合に、米国がＩＣＢＭで報復するかどうか疑念を募らせ、結果、旧ソ連が狙う米欧分断の可能性が生まれた。

米国はこの事態に、米国の「核の傘」に対する欧州の疑念を払拭するために、1979年、射程1770㎞のパーシングⅡ準中距離弾道ミサイルと射程2500㎞のトマホーク巡航ミサイルの開発と配備を行うと同時に、ソ連と軍縮交渉を行うという「二重決定」を行った。米ソの交渉結果、誕生したのが「中距離核戦力全廃条約（INF条約）」であった。

このような経緯から、INF条約は、「米国と旧ソ連（現在のロシア）のみを〝縛る〟条約」であり、その後急速に台頭した中国に適用されるものではなかった。

トランプは、2018年10月20日、ロシアによる同条約違反の新型ミサイル開発などを理由に、INF条約の破棄を表明した。米国の狙いは、ロシアの新型ミサイル開発という理由よりも、西太平洋での覇権確立を目指し、自由にINF戦力の開発と配備を進める中国に対抗するのがメインであろう。

中国は西太平洋地域での有事に際し、米軍の進出を遅らせ、作戦領域での行動を妨害する「接近拒否・領域拒否（A2／AD）」戦略に基づき、米軍の作戦基地（在日米軍基地やグアムの米軍基地）や空母を攻撃・無力化するために、爆撃機や潜水艦に加え、

第３図　中国ロケット軍の主要なミサイル発射基地とそこから発射可能な弾道ミサイルの射程を示す図

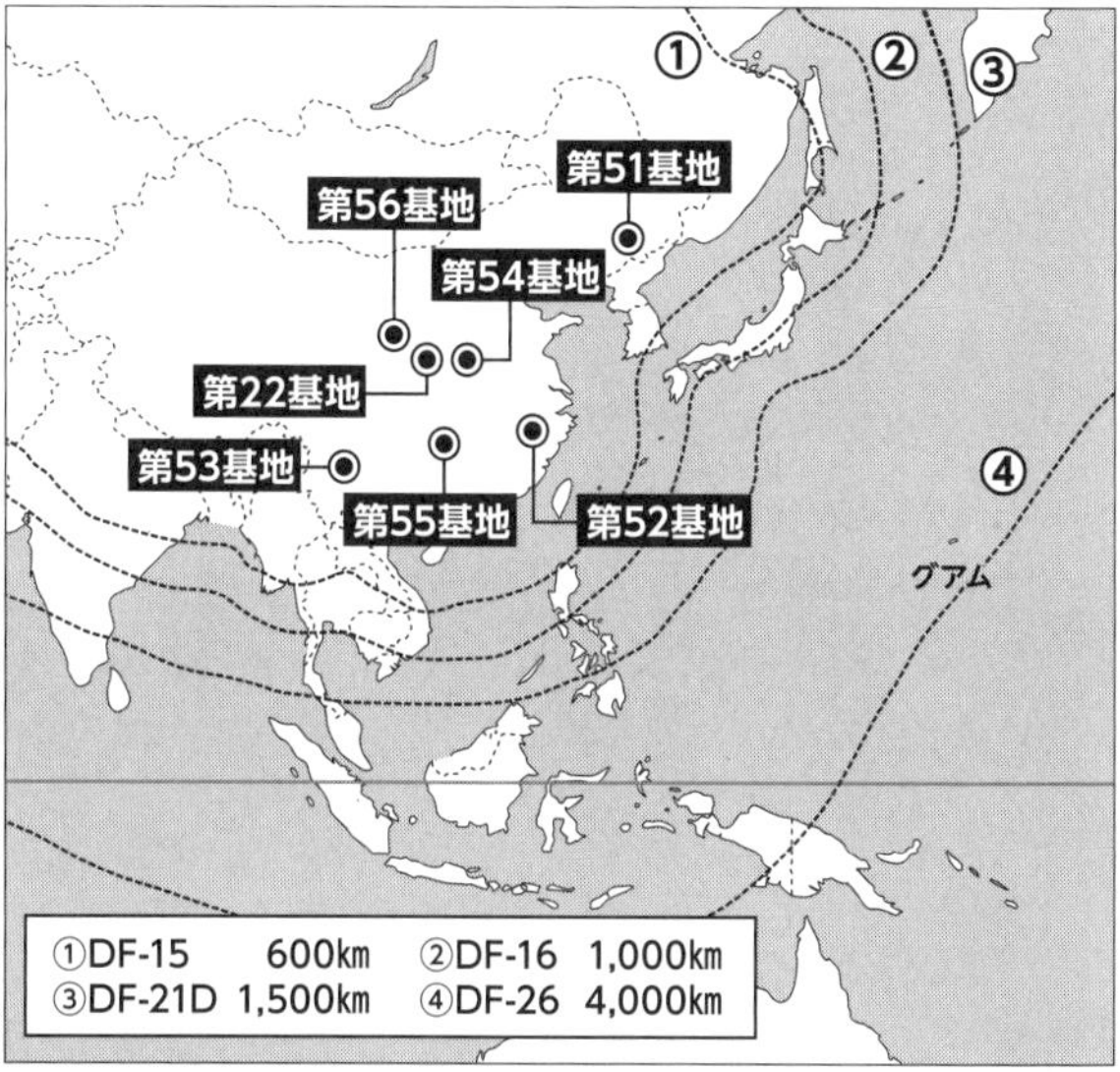

DF-15①は射程600～900kmなので台湾と沖縄の一部を射程に収めるのみだが、DF-16②、DF-21D③、DF-26④はいずれもほぼ日本全土を射程に収める。図中の「第22基地」は陝西省太白県秦嶺山にあり、核弾頭の集中管理をしている。弾頭はこの基地と６つのミサイル基地間を往復していて、通常は各ミサイル基地に多くの核弾頭が保管されることはないようだ。原子力潜水艦の場合は例外で、装備するSLBMのJL-1およびJL-2には常時核弾頭が装塡されている。（防衛研究所／Jane's Weapons : Strategic 2015-2016より）

ＩＮＦの戦力拡充を急速に進めている。

中国のＩＮＦ戦力としては、射程６００〜９００kmのＤＦ-15（Ａ／Ｂ／Ｃ型）、射程８００〜１０００kmのＤＦ-16、射程１５００kmのＤＦ-21Ｄのほか、射程１５００kmの巡航ミサイルＣＪ-10などがある。これらのミサイルは、沖縄どころか日本の主要都市すべてを核・非核のミサイルで集中攻撃ができる。

これら中国のＩＮＦのうち、米海軍は、２０１１年から配備された通称「空母キラー」と呼ばれる対艦弾道ミサイルＤＦ-21Ｄの存在を強く警戒している。

また、中国国防省は２０１８年４月、射程３０００〜５０００kmの最新鋭中距離弾道ミサイルＤＦ-26を戦略ミサイル部隊「ロケット軍」に実戦配備したと発表した。グアムの米軍基地への核攻撃が可能で、「グアム・キラー」と呼ばれる。中国国営メディアによると、大気圏への再突入後に自ら目標を探知し、空母など動くターゲットへの精密攻撃もできるという。

日本に指向される弾道ミサイルとしては、第３図を見ればわかる通り、射程約８００〜１０００kmのＤＦ-16で、在日米軍基地や自衛隊基地・駐屯地のほか、台湾など第１

列島線上の標的を狙うことが可能で、既に実戦配備している。

今回、トランプがＩＮＦ条約破棄の表明に踏み切ったのは、ロシアの脅威のみならず、〝野放し〟にしてきた中国のＩＮＦに直接対抗する姿勢を明確に打ち出すことで最終的に中国・ロシアの軍拡の意思を挫折させ、米国・ロシアに中国も加え、ＩＮＦの軍備管理交渉に繋げる狙いがあるものと見られる。

トランプ米政権は、２０１９年2月1日、ＩＮＦ廃棄条約の破棄を正式表明した。これを受けて、プーチンも、「同条約の履行を停止し、新型ミサイルの開発に着手する」、と表明した。

いずれにせよ、ＩＮＦ条約破棄は、中国との経済戦争において圧力として使用できるカードの１つになることは間違いないだろう。

偶発的衝突事態回避とエスカレート防止のための枠組みづくり

米中両国は、経済戦争でせめぎ合うだけではない。アジアで対峙する米中両軍の偶発的衝突事態を回避し、それが軍事衝突にエスカレートするのを防止する策を講じることも必要だ。

2001年には、南シナ海上空で米海軍偵察機が中国軍戦闘機と接触し、海南島に不時着する事態が発生した。また、2016年5月にも、中国軍機2機が米軍の偵察機EP3に異常接近する事態が起きた。さらに、前述の通り、2018年9月30日、「航行の自由」作戦を実行中の米イージス駆逐艦「ディケーター」が南シナ海ガベン礁の近辺を航行中に、中国の駆逐艦が41mの至近距離まで接近する事態が発生した。

このような事態によって、米中が軍事衝突にエスカレートするのを防止するための偶発的衝突事態回避の枠組みの構築が急務である。米中は2015年9月、軍用機同士の偶発的衝突を避けるための行動規範に合意した。しかし、2016年5月に起きた中国軍機と米軍偵察機EP3の異常接近事態を見る限り、この行動規範は無効のようだ。

米中経済戦争が行われる中、今後、南シナ海などにおいて米中両軍の偶発事態は増えることが予想される。米中は、以前にも増して両国軍の衝突にエスカレートすることを防止するための偶発的衝突事態回避の枠組みの構築が迫られるだろう。

2018年6月、中国を訪問したマティス国防長官は、「南シナ海や台湾、貿易摩擦をめぐる米中の緊張を踏まえ、米中両軍の衝突リスク抑制に向けた信頼醸成が必要だ」との認識で、中国側と一致した。

また、2019年1月には米海軍トップのリチャードソン作戦部長が訪中し、中国海軍トップの沈金竜司令官と会談した。

米国としては、日中間の偶発衝突事態回避の枠組みの構築についても気になるところだろう。なぜなら、日米安保条約を締結している米国は、日中間の偶発事態も「他人事」で済ませられないからだ。ちなみに、日中両国は、2017年12月に上海で開かれた「高級事務レベル海洋協議」の第8回会議で、「両国の防衛当局で『海空連絡メカニズムを構築すること』と、『相互信頼増進していくこと』」で一致した。

交渉のテーブル（枠組み）の設定

米中経済戦争は、一種のチキンゲームである。2台の対向車のうち、激突を避けるために先にハンドルを切った方が負けだ。チキンゲームは、交渉における重要な基本原理であり、譲歩する猶予が与えられた各プレーヤーの戦略モデルとして捉えられる。そして、一方が譲歩しない限り、悲劇的な結末は避けられない。衝突を回避するという屈辱は、衝突に比べれば些細な結末である。従って、双方にとっては、悲惨な衝突を回避する行動が、合理的な（正しく適切な）行動といえるだろう。ただし、相手が回避する戦略しか採らないプレーヤーならば、もう一方は必ずしも回避する必要はない。

米中は、経済戦争で、時系列に従って、相手が要求する内容（明示するものと示唆するもの）を注意深く分析しながら回避すべき衝突のシナリオを想定し、衝突回避・妥協のための「落としどころ」を模索し続けることになろう。

余談になるが、米中経済戦争の当事者は米中だが、その利害に関わるのは全世界・人類だ。この戦争が非軍事（経済主体）の場合も、軍事対決にエスカレートする場合も、米中以外の全人類がその影響（被害）を被るのだ。しかし、米中、それもトランプ・習近平とその側近以外は、このチキンゲームの意思決定には「全く」と言っていいほど関わることはできない。

米中経済戦争の展開を見る上で、先に述べたキューバ危機は参考になる。この事件の教訓に関して、筆者が注目するのは、「交渉のテーブル（枠組み）の設定」である。ケネディが海上封鎖を行う中、ミサイルを積んだソ連の貨物船がキューバ海域付近の公海上に設定された海上封鎖線に刻々と接近した。その間に、キューバ上空で米軍偵察機がソ連軍の地対空ミサイルに撃墜されたほか、アラスカを飛行中の米軍偵察機がソ連領空を侵犯するなどで、まさに一触即発のレベルにまで事態が緊迫した。

米ソ双方は、意思（国策）決定のために、「相手の真意」を見極めようとした。残念なことに、米ソ間の意思疎通のためのルートは極めて乏しかった。もちろん、ケネディとフルシチョフが直接話し合うホットラインはなかった。相互に配置した大使館からのケネディ・フルシチョフの書簡（電報）のやり取りのほか、ソ連はモスクワ放送まで使わざるを得なかった。

そんな中で、事態打開の糸口になったのは、ケネディの実弟ロバートとドブルイニン駐米ソ連大使の密会・会談だった。

このような経験を持つ米国はもとより、中国も、チキンゲームになぞらえられる米中経済戦争に、さまざまな「交渉のテーブル（枠組み）」を設定しているはずだ。米中首脳会談や閣僚級の外交・安全保障対話などがその代表であろう。ケネディが弟ロバートを使ったように、トランプも娘のイヴァンカ大統領補佐官や女婿のクシュナー大統領上級顧問を使うかもしれない。

いずれにせよ、米中経済戦争においては、交渉のテーブル（枠組み）の設定はその成否を左右する重要な課題だろう。

米中は、目下、妥協点を模索し、腹の探り合いをしているようだ。米中の貿易協議担当者は、以下のような会話を続けているという。

「まずは中国の提案を示してほしい」

「いや、対話の場で米中がそれぞれの解決策を同時に出すのが筋だ」

（２０１８年11月9日付　日本経済新聞）

交渉が前に進まない理由は、中国側が先に案を示したら、トランプはその上の要求を出してくるからだという。２０１８年5月の米中閣僚級協議でまとめた通商摩擦緩和策がトランプにひっくり返された経緯が、中国側は忘れられないという。

米中首脳会談とその後の展開

米中首脳は２０１８年12月1日の会談で、米国が２０００億ドル（約22兆円）分の中国製品に対する追加関税を猶予する一方で、米中両国は知的財産の侵害やサイバー攻撃などの問題を90日間の協議（２０１９年3月1日が期限）で解決策を見いだせなければ、米国が10％から25％へと関税を引き上げることで合意した。これに関し、米通商代表部（ＵＳＴＲ）は、２０１９年3月1日までに中国との協議で合意できなかった場合、３月2日には制裁関税を引き上げることを明らかにした。

米国側の発表では、制裁関税の発動猶予は中国の構造改革を条件としており、①米企業への技術移転の強要、②知的財産権の保護、③非関税障壁、④サイバー攻撃、⑤サービスと農業の市場開放——の５分野で協議する予定だ。

トランプ政権が強く求めていた先端産業育成策「中国製造２０２５」の見直しは、協議の対象とするのを見送った。産業補助金の撤廃など米側のこれまでの要求は声明に盛り込まれていない。中国の国家資本主義の柱である産業補助金の見直しは、習政権が

「認めない」と強く反発しており、同分野の扱いは玉虫色となった。

米戦略国際問題研究所（ＣＳＩＳ）のスコット・ケネディ中国研究副部長は、今回の米中首脳会談について、「関係悪化のペースを遅らせるかもしれないが、悪化の方向を変えることはない」と評したが、筆者もその見方に同意する。

トランプは、中国との構造改革をめぐる協議の交渉責任者に、対中強硬派のライトハイザー米通商代表部（ＵＳＴＲ）代表を選任した。この人事は、これまで国際協調派のムニューシン財務長官が主導してきた対中交渉の布陣を転換することを意味する。ライトハイザー氏は、交渉期限の90日は「厳格な期限」であり「協議延長はしない」と交渉の主導権を握るための先制パンチを繰り出した。

中国は、改革開放政策の採用以来踏襲してきた国家資本主義とそれに基づいて策定された「中国製造２０２５」を放棄することは絶対にあり得ない。従って、３月１日を期限として実施される「中国の構造改革」をめぐる協議で、中国が米国の要求を全面的に呑む可能性はほとんどないと思われる。

とはいえ、中国経済は、２０１８年のＧＤＰが28年ぶりの低成長（６・６％増）となるなど、低迷する兆しを見せ始めている。米国の制裁関税はボディブローのようにダメージを与え始めており、習近平としては幾ばくかの譲歩で致命的なパンチを回避したいのは山々だろう。米ブルームバーグ通信は２０１９年1月18日、中国政府が米国に対して6年間かけて輸入を増やす計画を提案したと報じた。トランプ大統領の２期目末となる24年を念頭に、対米貿易黒字をゼロにする意図があるという。同通信によると、中国の提案は２０１９年に輸入額を２０００億ドルに増やし、段階的に引き上げて２０２４年までに６０００億ドルに増やす。米中間では、３月１日の米中協議の期限に向けて駆け引きが続けられるだろう。

米中のファーウェイ（華為技術）をめぐる角逐

孟晩舟の逮捕

中国の通信機器最大手ファーウェイの孟晩舟・副会長兼最高財務責任者（同社ファウンダー任正非の息女）が、２０１８年11月の米中首脳会談当日に、カナダのバンクーバーで逮捕された。これは、米国の要請を受けたものである。２０１９年1月29日、米司法省は、産業スパイの罪でファーウェイを起訴したと発表した。また、米司法省はカナダで逮捕された孟晩舟を引き渡すよう求めると明らかにした。

米国は、孟晩舟の逮捕に先立って、セキュリティ上の懸念を理由に、ファーウェイの製品を米政府機関やその取引企業が使うことを禁止した。２０１８年10月（米国では10月から新会計年度）に成立した「国防権限法」――国防計画と予算を決める――により、２０１９年８月13日以降、政府機関、米軍、政府保有企業がファーウェイや中興通訊（ＺＴＥ）など5社の製品や部品を組み込んだ他社製品を調達することを禁じている。

米国は同盟国にも同様の措置――いわば「踏み絵」――を迫り、日本やオーストラリアなどがこれに追随しつつある。さらに、米国による「脱ファーウェイ」の圧力は世界に及んでいる。ペンス副大統領は２０１９年2月、ポーランドを訪問し「対中強硬姿勢とファーウェイ包囲網構築」のメッセージを東欧諸国に伝えた。米国はロシアの脅威を梃《てこ》に欧州を説得しているようだ。ただ、欧州諸国にはすでに中国の触手が伸びており、国ごとに温度差があるのも事実。

日本は官民あげて米国を支持する方向だ。日本政府は情報漏洩や機能停止の懸念がある情報通信機器を調達しないよう重要インフラを担う民間企業・団体——電力や水道、金融、情報通信、鉄道など14分野が対象——に要請した。ソフトバンクは現行携帯電話の通信規格「4G」についても、中国の基地局を排除し、北欧のエリクソンとノキアの製品に置き換えることを決めた。

ファーウェイ潰し、2つの理由

トランプがファーウェイを槍玉に挙げるのは、2つの理由が考えられる。

第1の理由は、情報をめぐる米中の覇権争いである。米国が世界覇権を維持する源は、世界に冠たる軍事力、経済力、情報力である。筆者はかねてから「情報を制するものは世界を制す」という仮説を主張している。米中のファーウェイをめぐる角逐は、この仮説で読み解くことができる。米国の情報力に関しては、CIAが有名だが、最大・最強の情報機関は国家安全保障局（NSA）で、職員は約3万人といわれる。NSAはシギント（SIGINT; signal intelligence）と呼ばれる電子機器を使った通信情報活動（通信情報の収集、分析、集積、報告など）を担当する。世界中の電話やメールなどは、NSAがすべてを盗聴しているということだ。

米国は、アングロサクソン諸国（イギリス、カナダ、オーストラリア、ニュージーランド）とUKUSA協定（締結5カ国が世界中に張り巡らせたシギントの設備や盗聴情報を、相互利用・共同利用する協定）を締結し、NSAを中核にした世界規模の通信情報活動を行っている。これら5カ国の通信情報機関のことは、Five Eyes――いわば世界を監視する5つの目――と呼ばれる。

ちなみに、日本もFive Eyesに深く関わっている。現在、シギントは防衛省・情報本部の電波部が行っている。北は北海道の東千歳から南は喜界島まで6カ所の通信所と呼ばれる電波傍受基地が展開している。冷戦時代は、ソ連をターゲットにしていたが、米中覇権争いが熾烈になった今日では、中国に焦点が定められている。中国に対抗する上で、Five Eyes加盟のアングロサクソン諸国と連携を強化するのは、当然の成り行きだろう。

近年、日本政府が米国はもとより、英国、オーストラリア、カナダ、ニュージーランド――UKUSA協定締結国――との軍事・情報分野での関係を深めている。アジア・太平洋地域では中国が軍事力と情報収集を強化する中、日米同盟だけでなく、より幅広い連携が必要になっているためだ。

一方、ファーウェイは中国の情報能力強化を担う中核産業で、「中国製造2025」の牽引企業でもある。同社は、世界の通信基地局の27・9％（1位）を有し、次世代通信「5G」では、米国よりも先行しているといわれる。中国は、2017年に国家情報法を制定し、企業や個人は当局（共産党独裁政権）の求めに応じて情報収集に協力しなければならない。ファーウェイは中国政府・人民解放軍と一体不離の関係にあることは疑いない。相互に手の内を見せたくない米中は、共に証拠は示さないものの、ファーウェイの装置やソフトにスパイ機能が埋め込まれている可能性は高い。

米国はこれまで自国だけが大手を振ってやってきた〝専売〟スパイ行為だからこそ、「中国製通信機器にはバックドア（裏口）が仕込まれ、米国の軍事技術や機密情報などが中国に吸い取られている」と喧伝し、〝既得権〟を守ろうとしているのだろう。

中国・ファーウェイが次世代通信「5G」で国際標準を握れば、中国版全地球測位システム（GPS）――ハイテク産業の基盤となる独自インフラ――の運用開始（2018年12月末）と相俟《あいま》って、人工知能（AI）や自動運転の土台を構築する上で主導権を手に入れることになる。そうなれば、中国は次世代通信「5G」や全地球測位システム（GPS）などを活用し、米国のNSAと通信情報（シギント）などの分野で張り合えるばかりか、宇宙・サイバー空間における軍拡競争で優位に立つ可能性が高い。すなわち、ファーウェイは、米国の世界支配（パクス・アメリカーナ）の基となる「軍事」と「情報」を脅かす「尖兵」役を担っているのだ。米国がこれに照準を絞り、攻撃するのは当然だろう。

第2の理由は、米国がハイテク覇権の主導権を握って、米中経済戦争を有利に進めるためであろう。日露戦争における203高地をめぐる攻防や大東亜戦争におけるガダルカナルの戦いのように、戦争には戦局全体を左右する「重要な戦い」がある。これに勝利すれば、戦い全体の流れを一気に有利に導くことができる。トランプによる「ファーウェイ叩き」の目的は、知的財産の侵害やサイバー攻撃などの問題の協議（2019年3月1日が期限）を手始めに、今後、ハイテクや経済分野における米中覇権争いを有利に運ぶためであろう。

米国が、ファーウェイ叩きで成功すれば、今後は米中経済戦争に「新たな武器」が加わることになろう。米国は、国外の遠く離れた企業やその役員でも起訴できる手法——米国検察による訴追——を創出した。これは、中国との戦いにおいては、リーサルウエポンとなり得る。米国は、中国経済を牽引する有力企業——例えばアリババやテンセントなど——を個別に標的として、これを潰す戦術を手に入れることになる。ファーウェイ叩きで獲得したノウハウを生かして。これら中国の個別企業に対する攻撃が、全体として「中国製造2025」にダメージを与える作用があるのは間違いないことだろう。

一方の中国は、米国製品の購入拡大などを迫られているのに加え、構造改革をめぐる協議開始前から孟晩舟の逮捕というトランプからの〝変化球〟により新たな圧力をかけられ、受け身になることを強いられたかたちだ。中国は、トランプの仕打ちに反発を強め、追加関税の回避をめぐる交渉はヒートアップする可能性がある。

中国は、ファーウェイ幹部逮捕への報復措置として、機を失せず、2018年末までにカナダ人3人を拘束した。加えて、2019年1月には、麻薬密輸罪に問われたカナダ人男性に死刑判決を言い渡した。これらには、カナダを揺さぶる狙いがあると見られる。

第五章

中国側から見た米中経済戦争

習近平がトランプから売られた喧嘩を買った理由

中国にとっても〝剣が峰〟

前述のように、米国にとって「今」こそが、将来の明暗を分ける〝剣が峰〟に差し掛かっているところであるが、中国にとっても「今」こそが、将来の明暗・盛衰を分ける決定的な分岐点なのである。中国の将来は、以下のようなシナリオが考えられる。

シナリオ1：「世界の工場」路線を継続し、少子高齢化などでじり貧になる（衰退シナリオ、後で詳述）

シナリオ2：米国や日本から知的財産を不正に奪い取って「中国製造2025」を成功させて右肩上がりの経済成長を確保し、パクス・シニカ（中国による新たな国際秩序の創生）への道を開く

これに関して、習近平は2017年10月の中国共産党第19回党大会において、堂々と

決意を披瀝している。習は、政治報告のかたちで、「建国から100年となる2050年までに米国と並び立つ強国となる」、と宣言した。習は政治報告の中で、「中華民族の偉大な復興という中国の夢」という言葉を何度も繰り返し、「19世紀以来、列強の侵略で失った世界の大国としての地位を取り戻す」と言明した。さらに、「その夢を実現できるのは（自らが率いる）共産党だけだ」と述べた。習の政治報告を補足し要約すれば、「中国は、将来も共産党独裁を維持しつつ、米国の覇権に挑戦し、パクス・シニカを目指す」ということだろう。

中国では、経済のじり貧化、貧富の格差、権力者（共産党）の腐敗、地域間格差、少子高齢化、環境の悪化、少数民族問題など多くの矛盾が〝臨界点〟に達しつつある。このような環境の中で、習にとっての最優先課題は「経済のじり貧化」を克服して「右肩上がりの経済成長を確保」し、人民に「明日への夢（もっと暮らしが楽になる）」を持たせることだろう。それにより、共産党の正当性を納得させ、「中華民族の偉大な復興という中国の夢」というスローガンに向けて人民の心を束ねることができるのだ。また、経済成長こそが軍事力強化の源泉で、中国軍の増強を可能にするのだ。経済成長なくして、米国との覇権争いは不可能なのだ。これについて、後で詳述する。

習近平が、米国からの経済戦争宣戦布告を受けて立つ理由は、彼自身の政治生命を守るという個人的な思惑もある。1962年のキューバ危機でソ連のフルシチョフは、「米国に譲歩し過ぎた」、として弾劾され、失脚した。習が経済戦争で少しでも弱みを見せようものなら、政敵たちは習を失脚に追い込もうと、手ぐすねを引いて待っているのだ。

中国経済はこのままではじり貧に

国の盛衰は、人口動態の変化が大きな作用をする。中国は、「一人っ子政策」により、いびつな人口動態が形成された。日本の後を追うかのように、巨大な少子高齢化社会が出現しつつある。

オーナス（onus）とは、英語で重荷や負担を意味する言葉である。「人口オーナス」とは、生産年齢（15～59歳）が急減すると同時に、高齢（60歳以上）人口が急増する事態のことを言う。人口オーナス期に差し掛かると、社会保障費等が増大し、貯蓄率が低

第４図　中国労働力人口（15～59歳）の推移　（単位：千万人）

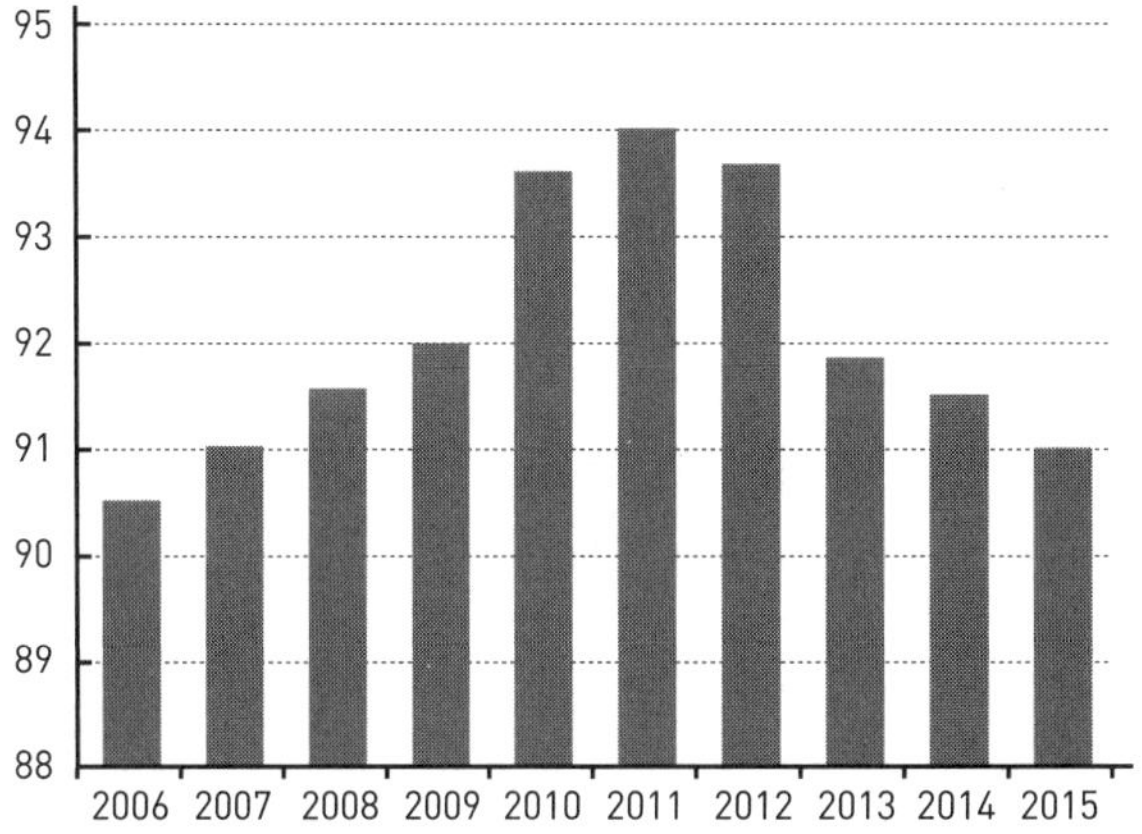

下し、ひいては投資率が低下して経済発展にブレーキがかかるようになる。

これとは反対に、生産年齢人口が増える局面のことを「人口ボーナス」と言い、この時期は人口動態が経済にプラスに作用し、経済成長を後押しする。中国は改革開放以降、人口ボーナス期真っ盛りで、GDPは年率８～10％と顕著な経済発展を遂げた。しかし第４図に示すように、中国の労働力人口（15歳～59歳（中国は一律60歳定年））は２０１１年をピークとして２０１２年以降は減少に転じ、毎年数百万人規模で減少し続けることになる。労働人口減少の様子を具体的に言え

第5図　中国四半期別GDP成長率の推移

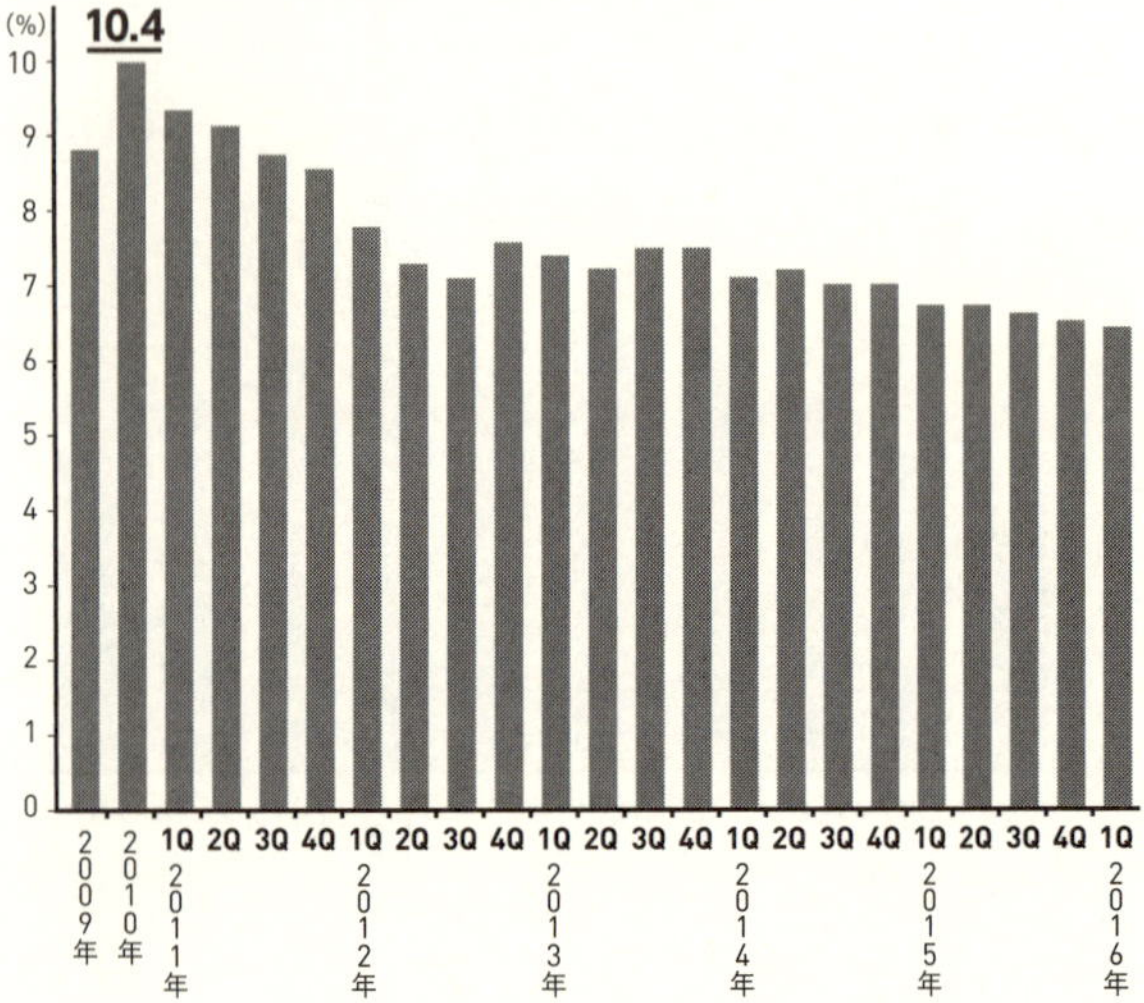

ば、２０１１年の９億４０００万人から２０１５年には９億１０００万となり、４年間で３０００万人もの労働人口が減少している。

一方、中国の四半期別のＧＤＰ成長率は第５図に示すとおりであるが、２０１２年からの労働人口減少と軌を一にして経済成長率も減少し始めている。まさしく「人口オーナス」理論が見事に立証されている。

２０１５年に中国は「一人っ子政策」を廃止したが、全面的にやめるとしても生産年齢人口は、２

016年の新生児が15歳になるまでの15年間（2030年まで）は減り続けることになる。それまでの間、中国の人手不足は深刻で、経済にとってこれは大問題である。

下がり続ける経済成長率

中国の経済成長率は、2010年の10・4％をピークに、それ以降1桁台に下落し、2015年以降はついに6％台まで低下し、さらに低減を続けている。一度人口ボーナスが終わると二度と来ないといわれる。つまり、中国では二度と人口ボーナスによる経済躍進は起こらないのだ。

人口ボーナス期が終焉しても、経済成長しなくなるというわけではない。労働人口が減少しても、労働生産性を高めることでカバーすることが可能である。中国はこれまで安い労働力と外国からの投資によって、労働集約型製造業を振興して大量生産することにより経済発展してきた。しかし、人件費は既に東南アジアなどよりも高くなっており、外国からの投資も伸びない。

労働生産性向上には、生産効率の向上、付加価値の向上、革新ビジネスの創出などが必要といわれる。特に、付加価値向上と革新ビジネス創出に関しては、独自性や独創性を発揮してブランド力を強化することが求められる。しかし、中国はGDPで世界第2位になっているとはいえ、いまだに独自性や独創性のある製品やサービスを生み出せておらず、ブランド力のある企業も少ない。

中国の製造業の生産技術の多くは「借り物」であり、日本、ドイツ、韓国などから部品、素材、設備を輸入して組み立てて欧米市場に輸出する「組み立て工場」のような存在に過ぎない。例えば、ロボット生産量は世界トップになっているが、精密減速機の75%、サーボモーターの80%、コントローラーの80%は輸入に依存している。自動車のトランスミッションなどのキーパーツの輸入も急増し、貿易収支は悪化し続けている。

中国の製造業はコストの面で途上国からの追い上げに直面する一方で、先進国の「再工業化」政策によって技術面では遅れを克服できない状態に陥っている。すなわち、中国は先進国と途上国の〝挟み撃ち〟にあっている。

「一帯一路」構想と「中国製造2025」構想は中国版富国強兵戦略

前述のように、中国の経済は現状の政策を継続しておれば、やがてじり貧となるのは確実だろう。中国の経済成長が減速すれば、共産党の正当性が失われ、人民を統制できなくなる恐れさえある。また、「中華思想」の夢を掲げ、米国と覇権争いすることもできなくなる。中国にとっては、経済発展のための「ギアチェンジ」が喫緊の課題となっている。

習近平にとって、マハンの教えに基づく「一帯一路」構想と「中国製造2025」構想は中国の経済発展のための「ギアチェンジ」戦略であるのみならず、米国の覇権に挑戦するための富国強兵戦略でもある。習近平は、マハンが1890年に『海上権力史論』を書いた当時の米国をなぞろうとしているのではないだろうか。

当時、米国は「生産」面においては、第2次産業革命によりヨーロッパ諸国を凌駕する経済力を持つに至った。それのみならず、ルーズベルト大統領がマハンの教えに基づいて海軍力の増強を行い、世界に誇る大海軍を手に入れた。

習近平は、ルーズベルト大統領が、大商船隊・大海軍を建設し、太平洋ハイウェイ（ハワイやグアムの基地を含むアジアと米国間のシーレーン）を設定して、中国大陸との貿易に乗り出した故事に倣《なら》おうとしているのではないか。米国の太平洋ハイウェイに相当するのが「一帯一路」構想であり、米国における第2次産業革命に相当するのが「中国製造2025」構想であろう。「中国製造2025」構想とは、すなわち「現代版の中国産業革命」構想なのである。

米国にとって、「一帯一路」構想と「中国製造2025」構想が脅威と映るのは、経済面ばかりではない。米国が本当に恐れているのは、中国はこれら2つの構想を中国建国100年にあたる2049年までに実現することにより、「総合的な実力で世界トップの製造強国」、すなわち、「世界に冠たる経済大国」に成長し、それを基にして軍事力を強化し、米国の覇権に挑戦するという野望を持っていることだ。その意味で、「一帯一路」構想と「中国製造2025」構想はセットで、「中国版富国強兵戦略」と呼ぶのがふさわしいのではないだろうか。

「一帯一路」構想——中国の現代版シルクロードとインド洋ハイウェイ

中国の「一帯一路」構想のうち、陸路に当たる「一帯」構想については、それが現代版のシルクロードであることは、説明の必要もないだろう。しからば、「一路」構想とは何か？

米国のセオドア・ルーズベルト大統領がマハンのシーパワー理論に基づき、太平洋ハイウェイを敷設したのに倣い、中国は、「一路」構想に基づき、インド洋正面に、中東から中国沿岸に至るシーレーン――いわば「インド洋ハイウェイ」――を敷設しようとしている。すなわち、この「インド洋ハイウェイ」こそが「一路」と呼ばれるものであろう。中国は、この「インド洋ハイウェイ」を確保・防衛するために「真珠の首飾り」戦略を推進している。

中国は、南シナ海に始まり、マラッカ海峡からインド洋を経てヨーロッパ、中東、アフリカに至るシーレーン沿いのパキスタン、スリランカ、バングラデッシュ、ミャンマーなどに軍事拠点・基地に準じた港湾施設を構築しようと、巨額の投資をしている。これらの港湾・施設を一粒の「真珠」に見立てると、これら連なる数個の真珠の珠は、ちょうどインド亜大陸の首に掛けられた首飾り（包囲環）のように見えることから、「真珠の首飾り」戦略と呼ばれ、インドはもとより米国やアジア諸国が警戒し始めている。

ここで、留意すべきは、「一路（シーレーン）」は、中国の「大商船隊、大海空軍の建設」と「軍事拠点・基地の整備・確保」とがセットになっているということだ。また、「一路（シーレーン）」は、中国が米国と覇権争いをするための手段・布石となるという認識も重要である。

「真珠の首飾り」戦略の目的は、①シーレーンの防衛（制海権〈自らの航海の自由と同時に敵対勢力の航海の排除を可能とする海洋支配のこと、現代では海上優勢とも呼ばれる〉の確保）、②インドに対する海上からの封じ込め、③日本、台湾、韓国、アセアン諸国などの中東往来のタンカーなどに対するシーレーンの封鎖、④パキスタン、バングラデッシュ、ミャンマーに展開する「真珠（港湾・施設）」から陸上経由（パイプラインなど）で中国内陸部（重慶市、貴州省、雲南省、四川省）への石油輸送、などが考えられる。

ちなみに、重慶市、貴州省、雲南省、四川省は、中国にとって最後の「砦」であり、生き残り拠点である。日中戦争においては抗日戦のための最後の安全拠点であり、中ソ対立の時代は対ソ戦における産業疎開先であり、「大三線」と呼ばれた。今日、対米戦に

第６図　「大三線」――重慶市、貴州省、雲南省、四川省――の位置

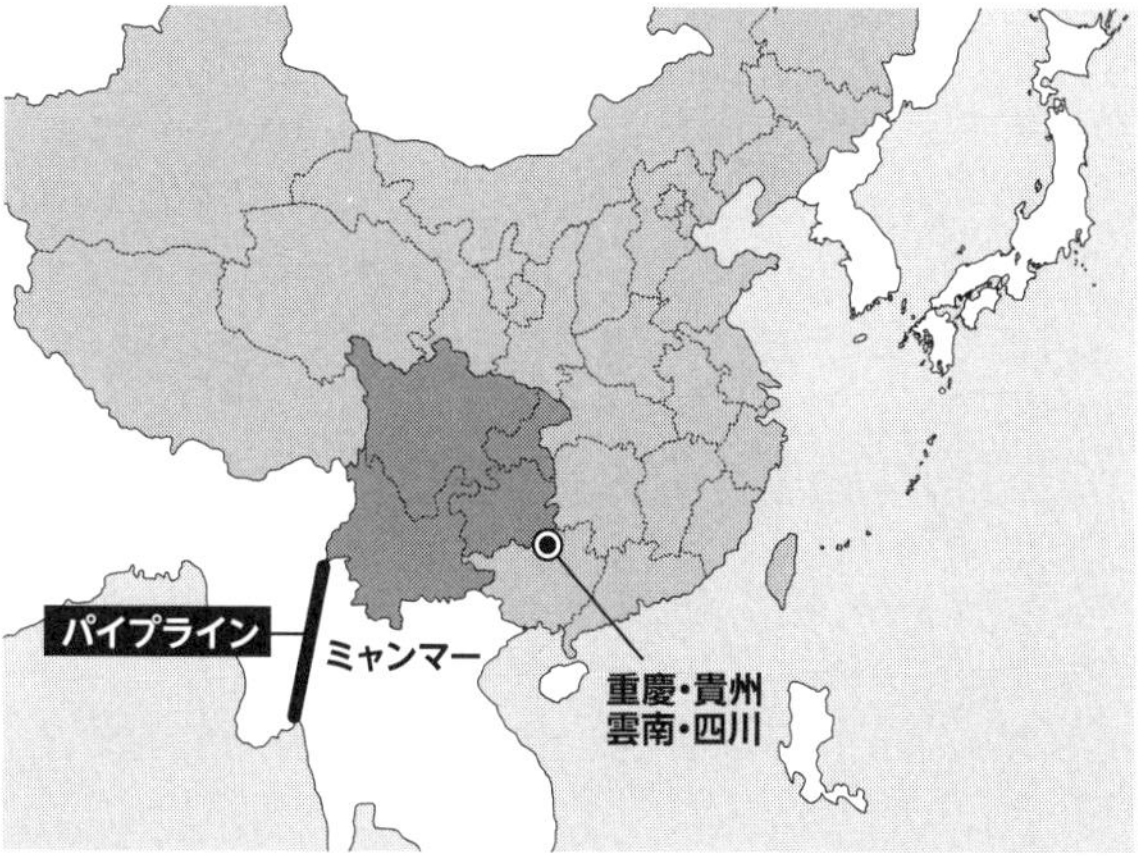

「軍事研究」（2019年1月号）をもとに作成

おいても最後の砦、安全地帯として利用される。この地域は、在日・在韓米軍基地から最も遠くに位置し、戦略爆撃機と巡航ミサイルを除き米軍戦力が及ばない。

余談だが、中国の「一帯一路」構想のうち、「真珠の首飾り戦略」の関連事業で関係する諸外国は、中国が支援するプロジェクトが「債務トラップ」ではないのかとの警戒感を募らせ始めている。

スリランカ政府は２０１７年12月、中国の援助で建設した南部ハンバントタ港を中国国有企業へ引き渡した。高金利債務の返済に窮していたスリランカは、〝借金の形《かた》〟に海のインフラを奪われた格好だ。この中国のやり口は、「現代版の植民地づくり」という側面も垣間見える。

スリランカに続く「債務ドミノ」は、南太平洋諸島にも及ぶかもしれない。トンガは、中国からの債務返済に四苦八苦の状態だ。ポヒバ首相は、中国による国家資産の差し押さえを警戒している。トンガのみならず、南太平洋島嶼《とうしょ》国は、中国に対する債務に苦しみ、共同で中国に債務の帳消しをめぐり協議しているという。

ちなみに、中国は、「接近阻止・領域拒否戦略」とリンクして、「太平洋諸島諸国攻略戦略」を進めている。中国は、米軍の太平洋正面の包囲環（第一列島線と第二列島線）を打通（突破）する努力と並行して、第一・二列島線の南側面に広がる南太平洋の島嶼国家（パラオ、マーシャル諸島、ナウル、ソロモン諸島、ツバル、トンガ、フィジー、サモア、パプア・ニューギニア、キリバス、バヌアツ、ミクロネシア連邦）に接近・工作を実施している。

中国の南太平洋諸島諸国への接近・工作の目的は、①米国・米軍による太平洋正面の中国に対する包囲環（第一列島線と第二列島線）の打破、②中国沿岸地帯の経済中枢を防衛するためのバッファーゾーンの拡張、③米国の対中軍事拠点のグアムの無力化、④

米国とオーストラリア、ニュージーランドとの分断、および⑤南米航路（シーレーン）の防衛、などが考えられる。

いち早く、中国の虎口から逃れた国もある。マレーシアのマハティール首相は2018年5月、同国とシンガポールを結ぶマレー半島高速鉄道計画の廃止を表明した。同計画は、中国が、経済圏構想「一帯一路」の主要事業として、受注攻勢をかけていた。ちなみに、シンガポールはマラッカ海峡の入り口を押さえる要衝にあたる。

「中国製造2025」構想は「中国版の産業革命・軍事革命」構想

シンギュラリティに乗り遅れるな

人類は、歴史上まれに見る変革期に差し掛かっている。2045年には、シンギュラリティ――人工知能（AI）が人間の能力を超える転換点（技術的特異点）――を迎えるといわれている。

レイ・カーツワイル博士は、少なくとも2045年までには人間と人工知能の能力が逆転するシンギュラリティ（技術特異点）に到達すると提唱している。この2045年問題とは、指数関数（倍増しの法則を定式化したもの）的に人工知能が進化し、少なくとも2045年には人類が予測できない域に達するという仮説を指す。つまり、永続的に人工知能が進化することは、人工知能が自らを改良し、人工知能が人工知能を生み出すことを可能とし、事実上、人工知能の開発が人類最後の発明となることを意味する。

「シンギュラリティにより加速する分野」としては、①ビッグデータ、ディープラーニング（深層学習）分野、②ロボット産業分野、③ナノテクノロジー分野、④IoT分野が、また「シンギュラリティがもたらす可能性」としては、①機械化・自動化による労働力の削減、②ベーシック・インカム（無条件に最低限の所得を支給する社会政策構想）の導入があるといわれる。

シンギュラリティは、人類に多大な恩恵をもたらすと同時に、さまざまな危機を招く〝両刃の剣〟になることが予想される。

このような時代背景の中、世界は今、第4次産業革命期を迎えている。第4次産業革命とは、18世紀の最初の産業革命から数えて4番目の主要な産業時代を指す。第4次産業革命は、ロボット工学、人工知能、ナノテクノロジー、量子コンピュータ、生物工学、モノのインターネット（ＩｏＴ）、３Ｄプリンター、自動運転車などの多岐にわたる分野においての新興の技術革新を特徴とする。このように、第４次産業革命の核心となるものは、「技術革新」なのである。ちなみに「技術革新」は、「知的創造活動によって生み出された財産的価値を有する情報」――知的財産――によってもたらされる。

このような流れを踏まえ、米国は２０１１年に「先進製造パートナーシップ」政策を、ドイツは２０１３年に「インダストリ４・０」プロジェクトを、日本は２０１５年に「ロボット新戦略」を打ち出した。

これらの動きは、中国に大きな刺激を与え、第４次産業革命に乗り遅れまいと「中国製造２０２５」という中国独自の包括的な製造業高度化戦略を策定し、２０１５年に公表した。

「中国製造２０２５」は、フェーズⅠ「２０１５～２０２５年＝製造強国の一員」、フェーズⅡ「２０２５～２０３５年＝製造強国の中間的水準」、フェーズⅢ「２０３５～２０４５年＝製造強国上位」という工程表を設定し、建国１００年を迎える２０４９年には〝世界製造強国〟上位に入るとしている。

中国政府は、2017年初めまでに総額5兆3000億元（約90兆円）に上る1013もの「国家助成金」を立ち上げ、大部分を「中国製造2025」関連産業に投入したという。しかも、製品別の製品シェア目標も掲げられているところを見ると、輸出によって一挙に操業度を上げて、世界市場を混乱に陥れる懸念が強まっている。

「中国製造2025」は、表向きは、「第4次産業革命のうねりにタイミングよく乗っていくために、先進国製造業へのキャッチアップモデルからイノベーションモデルへの転換が必要であるとの認識から生まれたもの」と言われているが、習近平の真意は「米国との覇権争いをするための富国強兵策」であると思われる。

「中国製造2025」は「軍事革命」構想

「中国製造2025」構想が現代版の「産業革命」構想であるのみならず「軍事革命」構想であることも説明しておきたい。

石原莞爾は、『世界最終戦論』で戦争の進歩・変化について分析し、「戦術（戦闘隊形）の変化を幾何学的に観察すれば、方陣の『点』、横隊の『実線』、散兵の『点線』から戦闘群の『面』に変化した。次の戦争（世界最終戦）は『立体（三次元）』の戦法、すなわち空中戦を中心にしたものになると想像される。我々は『立体』の先にあるもの、すなわち、四次元の世界はわからない。それは恐らく、霊界とか幽霊などの世界だろう」と述べている。

石原が将来の戦いは「霊界・幽霊の世界になる」という予言は、今日、宇宙空間とサイバー空間における戦いとして、現実のものになっている。現代戦では、この２つの空間における戦いが、勝敗を決するのだ。宇宙空間とサイバー空間の戦いでは、まさに「中国製造２０２５」で掲げたＡＩやロボットなど10分野の先端技術が直接・間接的に軍事技術として役立つのだ。卑近な例では、ファーウェイが先行している第5世代移動通信システム（５Ｇ）——高速・大容量化、超低遅延性——は、宇宙空間とサイバー空間における戦いには、不可欠の技術であろう。

習近平は訓示の中で、「中国は三軍（陸海空）の戦いで、どうしてもアメリカに勝てなかった。だが21世紀はこれに『天』（宇宙空間）と『電』（サイバー空間）を加えた戦いになる。特に『天戦』と『電戦』において中国は絶対にアメリカに勝たねばならない」(『二〇二五年、日中企業格差』〈PHP新書〉)と決意を披瀝している。

中国が、自力による研究開発によって「富国強兵」を行うのならば、米国といえどもこれに対して口を差し挟む権利はない。だが、中国の「遣《や》り口」は汚く、フェアではない。米国をはじめとする先進国技術を盗用して、世界のトップに立とうという魂胆なのである。米国政府組織の貿易・製造政策局は2018年6月、「中国の経済侵略がどのように米国と世界の技術と知的財産を脅かしているか」と題する報告書を発表した。これによれば、中国は、「中国製造2025」に明記された人工知能(AI)、航空宇宙、仮想現実(VR)、高速鉄道、新エネルギー自動車産業などの分野で、米国の知的財産を窃盗・不正入手しているという。その手口には、以下のようなものがあると「ザ・リバティ」誌(2018年10月号)が指摘している。

①企業買収

中国は国産空母に、米軍と同じ最新の「電磁式カタパルト(射出機)技術を採用する。

今年中にも建造を開始する見通しだ。リニアモーターで甲板から戦闘機を発進させるもので、重い機体でも離陸可能で行動範囲が広がる。

この技術は、中国の固有企業が2008年、イギリスの半導体企業を買収して得た。中国の企業買収の目的は、軍事に繋がる最新技術の獲得だ。これが米国の軍事的覇権を脅かすため、警戒されている。

②中国企業による外国企業の合併や提携

中国は、外国企業と中国企業で合弁会社をつくらせ、その会社を通じて技術を盗む手口を常用する。中国に進出したあるオーストラリアの造船企業は、中国国内の研究施設に中国人技術者を置くよう強制された結果、設計図が盗まれ、中国の軍艦建造に使われた。

合弁のかたちをとらずとも「技術供与」を強要されることがある。有名なのが、日本から盗んだ新幹線の技術である。中国は、技術を供与されて開発した中国版新幹線を「独自開発」と主張し、国際特許を申請している。

③人間を使った「窃盗」

米国の半導体大手のマイクロンに勤めていた社員Aは、社外秘のメモリチップ設計図を持ち出して台湾企業に転職した。その後Aは、その設計図を中国企業に渡すために、盗んだデータの入ったパソコンとUSBメモリを台湾企業の部下に命じて持ち逃げさせた。

この人間を使った「窃盗」は、中国の国営企業がマイクロンの買収に失敗した直後に起きた。すなわち、合法的買収がうまくいかなければ、「窃盗」さえも厭わないということだ。

④留学生や共同研究

中国人留学生すべては、大学ごとに「学友会」を組織し、中国大使館や領事部の中の「教育処」という組織のコントロール下にある。また、博士号を取得して海外企業に就職した中国人は直接、国家人事部が管理している。中国は国家人事部や大使館を通じて、留学生などが米国の情報機関などに抱き込まれないように監視するとともに、知財諜報活動任務――どこの企業や大学がどんな研究をしているかなど――を付与しているという。中国が欲しい先端技術に対しては、中国の大学や企業が共同研究を持ち掛け、技術情報を獲得する手法を用いている。

⑤サイバー攻撃

サイバー攻撃の主犯は、10万人以上いるとされる人民解放軍のサイバー部隊である。中国は2月、最新鋭ステルス戦闘機J20を実戦配備したが、同機は、米国のF35戦闘機の技術をサイバー攻撃によって盗んで作られたと指摘されている。

技術開発には膨大な予算と人材を要し、長い年月がかかる。しかし、中国は、他国が高いコストをかけて苦労して手に入れた知的財産を短期間に、タダ同然で不正に手に入れているのだ。ちなみに、中国による米国企業の秘密窃盗による知的財産の損失額は、1年間で約2兆円から6兆円に及ぶといわれる。

ちなみに、次の報道のように、中国の先端技術の研究においては、中国が米国よりも先行するようになった。

「日本経済新聞はオランダ学術情報大手エルゼビアと共同で、各国の研究開発力を探るため、世界の研究者が最も注目する先端技術の研究テーマ別ランキングをまとめた。次世代の電気自動車（EV）やロボットなど新産業の要となる電池や新材料などが目立ち、論文数を国別で見ると上位30テーマのうち中国が23でトップ。米国の首位は7つにとど

まり、ハイテク摩擦の様相を呈する米中の新たな火種になりそうだ」（２０１８年12月31日付日経電子版）

他方、中国共産党主導の「中国製造２０２５」が、習近平の思惑通りにいくのかどうかは疑わしい、と見る向きもある。

中国はソ連に倣って、これまで第1次から第13次までの「５カ年計画」を実施した経緯がある。共産党独裁体制は、「お上」の号令で人民を酷使するのには適した政治体制である。だが、一見強みに見える共産主義独裁体制も『「お上」が笛を吹いても人民は踊らず』の比喩通り、人民の労働意欲を喚起できなかったのが現実であり、これまでの「５カ年計画」の成果は、芳しいものではなかった。

鄧小平の改革開放路線がうまくいったのは、市場の活力を重視したからだ。習近平のいう「中国の特色ある社会主義市場経済」で、「お上」が旗を振るようになれば中国経済がうまくいくのかどうかは疑問だ。国際通貨基金（ＩＭＦ）でエコノミストを務めた胡祖六氏は昨年11月の講演で「イノベーションは政府の文書や指導者の指示、まして『中国製造２０２５』で実現するものではない」と指摘している。

第六章

中国は対米経済戦争をいかに戦っているのか

中国の経済戦争遂行体制——習近平のリーダーシップ

中国が米国と経済戦争を行う上で最も重要なのは、習近平のリーダーシップであろう。米中経済戦争は、結局はトランプと習近平の差しの勝負——チキンゲーム——なのだ。

習近平のリーダーシップについては、防衛大学校長、國分良成氏の「習近平を検証する」と題する興味深い論文がある。その要点は以下の通り（筆者が要約）。

・中国問題の本質は政治すなわち政治権力にある。「一つの山には一匹の虎がいるだけ」、それが中国政治の変わらぬ本質である。
・中国における権力の源泉は共産党組織とマルクス・レーニン主義であるが、これに伝統的皇帝支配の要素と毛沢東的農村革命の要素もブレンドされている。
・中国の成長路線は限界を露呈し、組織は蔓延する金権政治の中で腐敗・弛緩し、それに伴ってイデオロギーも風化した。
・習近平の最大の関心は「権力掌握」であり、就任以来6年を経過したが、権力掌握は未完成で相変わらず密室の中の闘争を繰り返している。習近平は権力掌握のために憲法を改正して3期目以降の継続を可能にしたが、それは、2期10年では何もできずに終わるということなのだろう。

・あらゆる分野において上からの統制を強め、支配力を強化しようとしているが、それは弱さの裏返しでもあり、習近平体制は依然として確立されていない。中国では絶対的な権力を掌握しない限り、結局は何もできない。

・既に失敗が証明された価値観でイデオロギーは再生するのであろうか。中国の政治経済体制は袋小路に入りつつある。

（2018年11月15日付「おやばと」紙）

國分氏の論旨を要約すると「習近平体制は依然として確立されておらず、経済戦争（ないしは新冷戦）が継続される2期目以降においても権力掌握の目途は立たない」といえるだろう。

このことは、経済戦争のリスクをコントロールする上では、極めて危険な要素である。

もし、習近平の政権基盤が盤石ならば、彼は責任を持って合理的な判断をして、経済戦争がエスカレートして軍事衝突に至るリスクを回避できるが、そうでない場合は「自己保身」を優先し、弱みを見せまいとして、米国に対して過度に挑発的な対応をとる可能性がある。そうなれば、世界経済と平和にとって、取り返しのつかない結果を招く恐れがある。

中国の経済戦争計画の骨子

米国の場合と同様、中国が対米経済戦争を戦うための計画の骨子を著者が大胆に推測してみた。今後の中国の動きを見ていく際に、参考にしていただければ幸いである。

筆者が考える中国の経済戦争計画の骨子

1　情勢認識

(1)　トランプ政権は、従来の対中国政策を一変し、中国のアジアにおける覇権さらには世界覇権への挑戦を断念させようとしている。そのために米国は、中国が富国強兵政策として推進している「一帯一路」と「中国製造２０２５」を阻止しようとしている。ここ数年が、中米対決の勝敗を分ける〝剣が峰〟である。

(2) 中国が資本主義経済を経験したのはわずか40年に過ぎない。一方の米国は、１００年以上も世界経済をリードし、ブレトンウッズ体制を主導した実績・経験を有している。この間、米国政府・業界は生き馬の目を抜くような経済競争の中で鍛えられ、さまざまなノウハウを蓄積している。従って、米国との経済分野での競争（戦争）は中国にとって、極めて不利である。

2　中国の経済戦争対処方針

(1) 中国の大目標は、建国１００周年頃を目途《めど》に、アメリカを打倒してパクス・シニカを実現することである。この目標は、米国がいかに妨害しようとも不変である。そのためには、「一帯一路」と「中国製造２０２５」の達成が不可欠であり、米国がいかなる妨害をしようとも万難を排して実現する。

(2) 「中国製造２０２５」の達成の「鍵」は、ハイテク覇権を握ることである。もし中国がハイテク覇権を握ることができれば、「中国製造2025」を実現させ、経済も軍事も情報も米国に対して優位に立つことができる。中国は合法・非合法を問わずあらゆる手段で米国とのハイテク覇権争いに勝利する。

(3) 米国との経済戦争においては「持久戦」を行い、トランプの要求・挑発をかわしつつ、時間を稼ぎ、ダメージを最小限にしながら、①トランプ政権の無力化・再選阻止、および、②次期政権の対中政策の無害化——を追求する。そのためには各種工作・謀略により、アメリカ世論（中国敵視・敵対）の転換を図る必要がある。なお、この工作・謀略に関しては、ロシアとの「合作」も検討する。

3 実行すべき具体策

(1) 当面の戦いは、トランプ政権の無力化・退陣であり、そのためにはあらゆる工作・謀略によりアメリカ世論の転換を図る。

(2) 2016年の米大統領選挙で、プーチンが仕掛けた選挙戦介入工作は極めて有効であり、トランプ・米国はいまだにその後遺症——世論の分裂と政権の弱体化——に苛《さいな》まれている。中国もプーチンに倣い、2020年の大統領選挙に最大限介入し、

〝中国にとって望ましい大統領〟を誕生させ、利用する。そのためには、アメリカの弱点である自由・民主主義体制を最大限に活用する。

(3) 中国の「中国製造2025」達成のためには、最先進技術分野で世界をリードする必要がある。そのためには、米国のいかなる妨害をも克服して、引き続き知的財産の不正獲得を継続する。また、米国での不正な獲得が困難になれば、日本、イスラエル、ドイツおよび台湾などの迂回ルートからの合法・非合法的な知的財産の取得に努める。さらに、中国独自の科学技術開発や半導体の国産化など「自力更生」を促進する。

(4) 米国市場からの「締め出し」に対処するために、速やかにアジア、アフリカ、中南米などの新興国の市場を開拓・拡大する。

中国の詭道・奇策によるトランプ降ろし

米国の弱点は「自由民主主義国家」であること

中国は、さまざまな策で米国の経済戦争に対抗しているが、紙幅の関係で「中国の詭《き》道《どう》・奇策によるトランプ降ろし」についてのみ説明する。

習近平としては、当面、事態を悪化させないようにしながら、〝ハリケーン〟のような大統領のトランプが通り過ぎるのを待つ考えだろう。対中制裁関税に対しては、米国の要求に対して小出しに妥協案を出しながらトランプ退陣まで巧妙に時間稼ぎをするはずだ。その間も、現在推進している「一帯一路」と「中国製造２０２５」などの中国版富国強兵戦略は、一切変更・後退・中止させないことが大方針であろう。

孫子の兵法のエッセンスは「戦いは詭道であり、相手の弱点を打撃する」ことである。米国の弱点は自由・民主主義国家であることだ。中間選挙向けに、トランプがシンガポールで金正恩に媚びた様子は習近平には滑稽に見えたことだろう。あれこそが民主主義国家の弱点を表すものなのだ。中国は、米国と戦争をしなくても、選挙でトランプを排除し、米国の対中国政策を変えることができる。

情報戦のための最高のパートナーは米国メディア

中国のトランプ政権に対する工作目標は、「無力化・退陣・再選阻止」である。この観点から米国を見れば、大統領の「敵」ないしは「ブレーキ」になり得るのは、議会や最高裁判所のほか民主党や共和党内の政敵などであるが、最大の「審判者」は国民（国民世論）である。米国の国民世論を操作できるのは、メディアである。現在トランプはメディアに対して「アメリカ国民の敵」であるとか、「フェイクニュース」などと批判を繰り返し、敵対関係にある。

トランプ政権の「無力化・退陣・再選阻止」を図ろうとする中国の目から見れば、米国は「詭道・奇策」を用いる上で、これ以上ない最高の環境である。民主党のオバマやヒラリー・クリントンは習近平にとっては代理人のように見えるだろう。また、習近平政権にとって、ワシントンポスト、ニューヨークタイムズ、CNNなどは、〝人民日報の姉妹紙〟に見えることだろう。中国は、米国のメディアを〝情報戦のための最高の武器〟と見ているはずだ。皮肉なことだが、「ペン」の力は、いかなる「武器」よりも優れており、その矛先が母国（祖国）に向けられると始末に負えない。トランプが「フェイクニュース」と喚《わめ》く理由はそこにあるのではないだろうか。

習近平にとって、トランプの暴露本を書いたボブ・ウッドワード氏やマイケル・ウォルフ氏は、「勲章を授与するほどの功績を上げてくれた人物」と評価していることだろう。否、既に何らかの報酬を密かに与えた可能性すらある。

ペンス副大統領の懸念

トランプは今に至るも、大統領選挙でロシアから「見えざる支援」を受けたのではないかとの疑惑で追及されている。中国による同様の介入・工作が次の米国大統領選挙で行われる可能性は高いと見るべきだろう。この点に関して、ペンス副大統領は、2018年10月4日の演説で、次のように述べ、懸念を表明している。

「中国は米国の世論、昨年の中間選挙、そして2020年の大統領選挙につながる情勢に影響を与えようとする前例ない取り組みを始めました。（中略）6月には、『プロパガンダと検閲通知』と題する機密文書を回覧しました。それには、彼らの言葉で、中国は米国で『正確かつ慎重にストライキを行い、異なる国内グループを分裂させなければならない』」と述べました」

鉄壁の防諜・対工作態勢が構築できる全体主義国家の中国、ロシア、北朝鮮とは異なり、自由・民主主義国家の米国には、自分たちは意図せずとも結果的に「敵（中国）に塩を送るグループ」が存在することは確かなのである。この点、米国は中国に対してハンデキャップを負うことになる。

中国は、トランプが仕掛けた経済戦争を、「ピンチはチャンス」と受け止め、「問題児のトランプを叩いて、失脚させれば、次期大統領以降はそれを見て、再び中国に挑戦することはない。そうなれば、中国の思い通りの覇権奪取の道が開ける」と考えているのではないか。

詭道・奇策（スパイなど）により、米国の外交政策に影響を与えた前例は存在する。スターリンは、第2次世界大戦前後に200人以上ものスパイをアメリカ政府の官僚として潜り込ませ、ソ連を利するような政策を推進させた。この事実は、「ヴェノナ文書」

により明らかにされた。「ヴェノナ文書」とは、第2次世界大戦前後にアメリカ国内にいるソ連のスパイたちがモスクワの諜報本部とやり取りした秘密通信を、アメリカ陸軍情報本部が秘密裏に傍受・解読した記録である。「ヴェノナ文書」は、アメリカ陸軍情報本部の任務を引き継いだアメリカ国家安全保障局（NSA）により、1995年に公開された。

第七章

米中経済戦争の今後の展望——5つのシナリオ

以下、米中経済戦争の今後の展望について、想定される5つのシナリオについて説明したい。

シナリオ1 米中で妥協が図られ引き分ける場合

米国側としての妥協の動機は、2020年の大統領選挙である。共和・民主両党とも予備選時点から対中国政策、特に経済戦争問題を争点とする可能性が高い。トランプは、健康問題やロシアゲートなどで躓《つまず》かない限り、再選を望むはずだ。現実主義者のトランプは、経済戦争問題では、世論の動向を見ながら「票になる」と思えば中国と妥協する可能性がある。トランプには、中間選挙を有利にするために北朝鮮の核ミサイル開発問題を事実上先送りして金正恩と首脳会談を実施した〝前科〟がある。

中国は、民主主義国家の弱点——大統領選挙——を捉え、2つの工作を行うだろう。第1は、経済戦争問題でトランプの足元を見ながら、中国に有利な条件をのませ、時間稼ぎをすること。第2は、米国世論に対する工作——選挙介入（非公然な内政干渉）

――を行うこと。

ただし、この米中妥協は一時的なもので、世界覇権が懸かった「竜虎の戦い」は、大統領選挙後も、「決着」が付くまで延々と行われよう。「決着」がどのような様態――大戦争による勝敗決定、あるいは、一方の経済崩壊、さらには世界恐慌――なのか筆者にもわからない。

シナリオ2　米中が拮抗する冷戦状態、「新冷戦」が継続する場合

経済戦争を契機に、米中は「新冷戦」状態にあるとする見方が定着しつつある。米中が妥協点を見出せず、お互いに突っ張り合って対立状態を継続する可能性がある。このシナリオが成り立つのは、米中双方が「決定的な非常事態」に陥らない場合だ。もっと簡単に言えば、米中両国が「我慢できる状態」が続くことがその条件だ。「決定的な非常事態」とは、中国を例にとれば、①経済的に〝破産状態〟になる場合、②習近平政権が維持できなくなる場合、③共産党独裁が崩壊する場合、が想定される。

なお、この長きにわたる「新冷戦」で米国と中国が共に疲弊すれば、両国は覇権争いどころか、「二等国家」に転落し、新たな第3の国家が世界覇権を握るシナリオも排除できない。

シナリオ3 米国が勝利する場合

これは、米国が完全に勝利し世界覇権を維持し、中国が降伏するというシナリオだ。その場合、中国は「一帯一路」と「中国製造2025」などの中国版富国強兵戦略を放棄し、「ナンバー2以下」に甘んじることになる。米国が中国をそこまで追い込むことができるのかどうかは疑わしい。その場合、中国は素直に米国の軍門に下るよりも、軍事対決にまでエスカレートする可能性（シナリオ5）が高いと思われる。

もしも、中国が米国の軍門に下れば、中国共産党は権力を失い、国家は分裂する可能性が高いだろう。中国は、政治支配層が住む北京地域、沿岸から200㎞以内の繁栄地域、200㎞以遠の貧困地域に大別される。国家分裂の際には、基本的にはこの3つの地域間に亀裂が生まれるであろう。フリードマンは、さらに細かく「伝統的な地方の境界線に沿って分裂する」と述べている。

　中国の分裂は、巨大地震にも似たインパクトをアジアのみならず世界に及ぼすだろう。その詳しい様態を記述するのは、1冊の本でも足りないくらいだ。日本にとって、望ましいシナリオとは言い難い。

シナリオ4　中国が勝利する場合

　これは、中国が完全に勝利し世界覇権を奪取し、米国が降伏し、「ナンバー2以下」に転落するというシナリオだ。米国は、ベトナム戦争以来のショックで、内に閉じこもり世界覇権の舞台から消えるかもしれない。国内では、人種間の内紛が激化し、南北戦争以来の内戦状態――東西戦争――に陥るかもしれない。想像もできないことだが、米国も国家分裂の危機に陥るかもしれない。

　一方の中国は、世界の覇者となり、新たな世界秩序（パクス・シニカ）が始まることになる。冷戦崩壊によりマルクス・レーニン主義がその意義を失い、ソ連をはじめ東欧諸国が崩壊したように、世界では自由・民主主義が廃《すた》れ、日本や西欧民主主義国家が専制・独裁国家に転じるかもしれない。民主主義が敗北し専制・独裁主義が復活し、そしてそれが再び覆《くつがえ》ることはない。世界はフランス革命時代以前の専制・独裁体制に逆戻りするかもしれない。米国の政治経済学者のフランシス・フクヤマがその著『歴史の終わり』で、「民主主義体制が人類の最終着地点」としたことが否定されることになるのだ。このような意味で、米中経済戦争はまさに人類史の流れを左右する一大決戦なのだ。

シナリオ5 米中経済戦争が軍事対決にエスカレートする場合

このシナリオは荒唐無稽なものではないようだ。米中が経済戦争から軍事対決にエスカレートするシナリオについては、米欧州陸軍の元司令官ベン・ホッジス大将が、「今後15年以内に米国が中国と戦争をする可能性は非常に高い」と警告した（2018年10月26日付「ニューズウィーク」誌）。また、米ジョージタウン大学の安全保障の専門家も論文で「米中が武力紛争に突入する恐れがこれまでになく高まっており、それが核戦争へと拡大する可能性も多くのアナリストが考えるよりも高い」と警告している（同年10月18日付「ニューズウィーク」誌）。

中国が軍事作戦に踏み切る場合は、民衆蜂起により中国共産党が権力を失う恐れがある場合や、習近平が権力闘争を行う上で対抗陣営に弱みを見せないために米国に強硬に対応する場合が考えられる。

米国の対中国軍事対処策には、2つの選択肢がある。第1は、中国本土内にまで侵入して激しく攻撃する「エアシーバトル構想」――のちに「グローバル・コモンズに対する接近・機動構想」と名称変更――であり、第2は中国を遠方から包囲する「オフショアコントロール戦略」である。以下、2つの選択肢について、簡単に説明する。

エアシーバトル構想

米海空軍を主体とするエアシーバトル構想（以下ASB）は、台頭著しい中国軍が採用する「接近阻止・領域拒否戦略（A2／AD）」に対抗するために開発された。中国の「接近阻止・領域拒否戦略」とは、中国軍が米軍に対し「寄らば斬《き》るぞ！」とばかりに、対艦弾道ミサイルＤＦ－21Ｄ、攻撃型潜水艦、海軍攻撃機などで恫喝《どうかつ》して、一定距離内への接近を阻止し、中国が定めた水域内における米軍の自由な行動を阻害する戦略のことである。

　中国軍は「接近阻止・領域拒否戦略」を実現するために、米軍戦力の骨幹となる空母を主目標として、対艦弾道ミサイル、巡航ミサイル、攻撃型潜水艦、電子線能力、コンピュータ・ネットワーク攻撃能力、軍事衛星攻撃能力など新兵器の開発・装備や新たな戦術の創造を模索している。米国は、これに対抗する策として、ＡＳＢ構想を導入し、中国領域内の主要軍事拠点に対して、海と空からの攻撃能力を大幅に強化することを目指している。その具体的な策としては、①中国側の新型対艦ミサイルを破壊するための空・海軍共同作戦、②（中国の対衛星攻撃を回避するため）軍用衛星の機動性の向上、③中国側の「接近阻止」部隊に対する空・海両軍共同のサイバー攻撃、④有人・無人の新鋭長距離爆撃機の開発、⑤潜水艦とステルス機の合同作戦、⑥海・空軍と海兵隊合同による中国領内の軍事拠点攻撃、⑦空軍による米海軍基地や艦艇の防御強化、などが提示されている。

ＡＳＢの最重要ポイントは、米軍に対して、「寄らば斬るぞ！」と、恫喝する中国軍を抑え、払い除《の》けて、地球規模で世界が共有している資産（海や空）――グローバル・コモンズ――における行動の自由を獲得し、維持することだ。もっとわかりやすく言えば、「西太平洋上に、中国に勝手に〝垣根〟をつくらせない」、ということだ。米国のＡＳＢ発動に対して、中国が反撃してくれば、当然激しい戦闘にエスカレートするのは必至である。米軍の戦い方は以下の通りである。

第1段階として、米軍は中国ミサイルの〝飽和攻撃〟の被害を回避するために、在日米軍基地などからミサイルの射程圏外の遠方に退避し、日本や台湾などに「自らの国は自ら守る」ことを求める。米軍は電子戦により中国軍を盲目化する作戦や海中における対潜水艦作戦を行いながら反攻の機会をうかがう（日本にとって、最悪の事態は、米軍が、そのまま沈黙して、反抗しないというシナリオだ）。

第2段階では、中国に対して「懲罰を科す」ために、反撃する。ただし、中国本土内のミサイル基地や共産党首脳などを狙った攻撃は、核戦争にエスカレートする恐れがある。この場合、軍事作戦としての合理性よりも〝政治的判断〟が優先される。

なお、2011年から国防総省が担当してきたASB事業が、15年から統合参謀本部に移管され、ASBという名称も「グローバル・コモンズに対する接近・機動構想」という長ったらしい名称に変更された。

オフショアコントロール戦略

米国の第2の対中国軍事対処策はオフショアコントロール戦略（以下OSC）である。OSCは、「拒否」、「防衛」、「支配」の作戦ステージで構成される。「拒否」ステージの作戦においては、中国による第1列島線内の東・南シナ海などの海洋の使用を潜水艦や機雷等で拒否する。

「防衛」ステージの作戦は、日本や台湾などの第1列島線上の島嶼（領土・領海・領空）を防衛することである。第1列島線上の島嶼においては、中国は本土から遠く離れた場所での作戦（攻撃）を強いられるが、米国と日本・フィリピンなどの同盟国は、自らの領域において統合化された海空防衛網を形成して有利に戦うことができる。

第7図　オフショアコントロール戦略のチョーク・ポイント

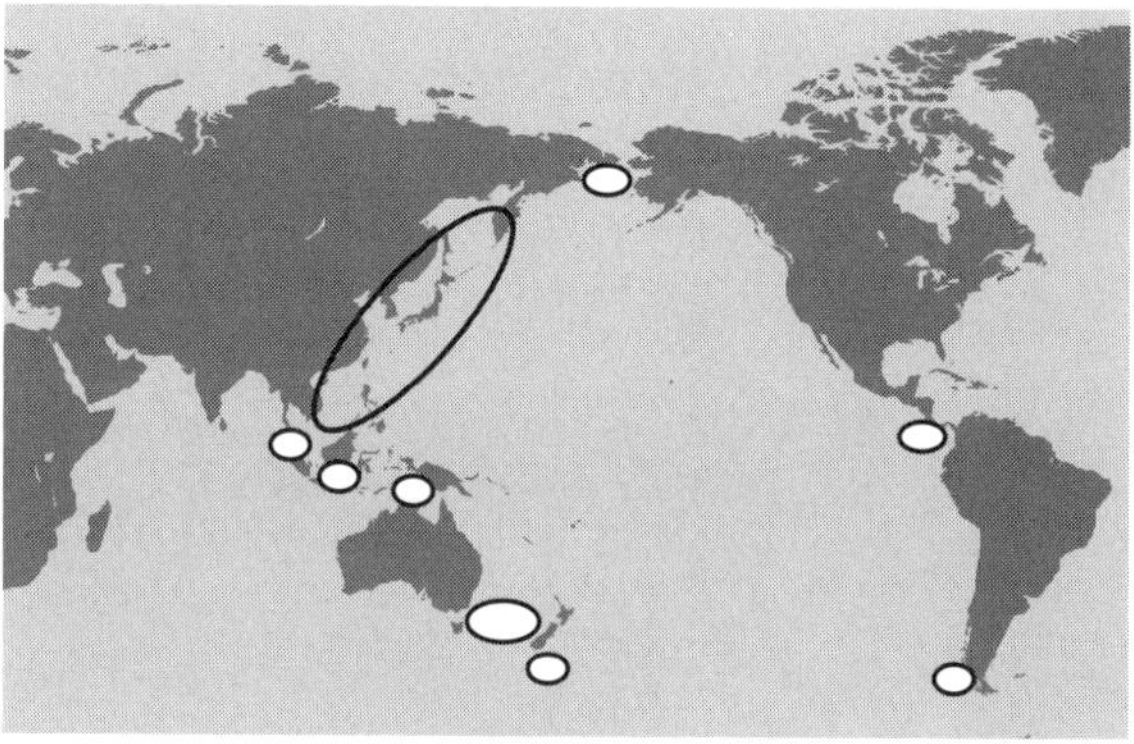

「支配」ステージの作戦は、第1列島線の島嶼領域の外（東または東南）側の空域および海域を支配するものである。「支配」ステージの作戦には、中国経済に対する「遠距離封鎖」も含まれる。OSC戦略は、中国経済を支える大型タンカーや超大型コンテナ船を、海軍および空軍のみならず、借り上げた商船に乗り込んだ陸軍も用いて第7図のようなチョーク・ポイントを活用して通航を阻止する。これは中国の貿易を完全にシャットアウトするものではないが、そのコストを外国企業などが中国から逃げ出すまで高めるものである。

中国の輸出入はGDPの50％を占めるが、中国共産党の正統性は経済成長（右肩上がり）を基盤としているので、経済的な圧力は紛争の解決に向けた大きな圧力となる。また、この間に封鎖の外側で世界経済が中国抜きで再編されてしまえば、さらに事態は中国にとって悪化することになる。

ＯＳＣ戦略では、中国のインフラを物理的に破壊するために中国領空に侵入するというよりは、経済的窒息をもたらし、遠方からの攻撃を可能とするいわば「対中国遠隔包囲策」である。

2つの構想・戦略が日本に及ぼす影響

米軍がＡＳＢ構想またはＯＳＣ戦略を採用すれば、日本にとっては極めて大きな問題がある。

第1の問題は、米中が軍事衝突すれば、日本だけが戦場となり、サンドバックのように中国から〝飽和状態〟のミサイル攻撃を受ける可能性が高いことである。日本がミサイル防衛システムを整備しても、追いつかないくらい多数のミサイルを中国は保有しているのだ。

第2の問題は、米軍が、戦争勃発の直前に、中国ミサイルの〝飽和攻撃〟の被害を回避するために、在日米軍基地などからミサイルの射程圏外の遠方に逃げてしまうことだ。中国ミサイルによる〝飽和攻撃〟を考えれば、米軍にとっては、「逃げるが勝ち」なのである。在日米軍はその家族も含め、基地を日本人従業員主体の管理に任せ、家族ともどもスタコラサッサとハワイ・グアムや米本土に逃げ去るだろう。この間、日本だけが中国の弾道ミサイルで袋叩きに合う羽目になる。中国は、開戦の初めから終始日本を継続して攻撃し、日本をつとめて早く「ギブアップ」させ、日米を分断することにより、米軍の中国反攻の基盤（在日米軍基地など）を失わせることを追求するだろう。いずれにせよ、米中激突の事態においては、数千㎞の彼方にある米国民には〝火の粉〟は一切降り注がず、ひたすら〝日本国民の頭上〟に降り注ぐことになる。

日本が、巨額の〝思いやり予算〟――２０１６～20年の5年間に９４６５億円――を払っても、米軍が基地から逃げるのは止められない。日本は、孤立無援で中国のミサイルや爆撃機の攻撃に数カ月間耐えなければならない。この間、シーレーンの安全を期することは難しく、物流は大きく阻害されよう。加工貿易立国の日本は、企業活動はおろか国民の食糧確保にも事欠くようになるのは明らかだ。特に、米軍がOSCを発動し、中国のシーレーンを封鎖すれば、中国のシーレーンのみならず日本のシーレーンもほとんど使用不能となろう。その一方、アメリカのシーレーンはほとんど影響を受けない。

日本人が忘れてはならないことは、アメリカ・トランプの政策判断の基本は「アメリカ・ファースト」なのであり、日本人の生命や財産よりもアメリカのそれが最優先なのである。

第3の問題は、米軍が反撃するかどうかである。米中は核戦争を回避して、日本だけが被害を受けた後に、サッサと日本の頭越しに講和をするかもしれない。

第八章

日本は「米中激突」という国難にいかに対処すべきか

地政学で見る日本——〝ひ弱な山桜〟

地政学的に見れば、日本は、アメリカ、中国、ロシアという巨峰（国際政治用語では「極（pole）」と呼ばれる）の谷間に咲く〝ひ弱な山桜〟にたとえるのが適切だろう。〝ひ弱な山桜〟という形容は、カーター政権時の国家安全保障問題担当大統領補佐官を務めたズビグネフ・ブレジンスキー氏の著書『ひよわな花・日本―日本大国論批判』（サイマル出版会、１９７２年）に倣ったものだ。

日本は島国であるゆえに、外敵にとっては周辺の海洋がバッファーゾーンとなり、近世までは極めて安全な国であった。しかし、高性能の艦船、航空機、ミサイルなどの出現により、海洋が持つバッファーゾーンとしての効用は失われた。

日本は、その占める地理上の位置と保有する資産（豊かな富、素晴らしいインフラ、優秀な人材、高度な技術など）があるために、米中ロがなんとしても自国の支配下に置きたい国である。日本の地理的な位置は、米中ロにとって、アジア・太平洋の覇権を争う上で〝天王山〟の価値を有する。

米国にとっては、数千kmの太平洋を越えて、中国に対抗する上で、日本は不可欠の戦略的な要地――不沈空母――なのだ。また、日本列島は、台湾、フィリピン、ボルネオ島（第1列島線）と連接して、中国沿岸を包囲・封鎖するようなかたちになっている。このために、中国にとって、日本は、太平洋進出を阻む〝障壁〟にもなり得るし、逆に太平洋進出の〝踏み台〟にもなり得る。近年、太平洋進出を目指す中国にとって、日本は、喉から手が出るほど欲しい国なのである。

日本は、国土の広さ、資源、人口などの制約から、逆立ちをしても米中ロ（冷戦期はソ連）3国に軍事や外交で対抗することは不可能である。従って、日本は安全保障のために、米中ロいずれかの国と同盟を結ぶというのが常識的な外交・防衛政策であろう。

米中ロの戦略的な組み合わせは、白紙的に考えれば以下の5つのケースがある。

ケース1：米中ロ・総対立
ケース2：米中ロ・総友好
ケース3：米中・友好、ロ・孤立……米中接近（1972年）から冷戦崩壊後（200

4年頃）まで

ケース4：中ロ・友好、米・孤立……米中接近（1972年）以前の冷戦期と冷戦崩壊（2004年頃）から今日まで

ケース5：米ロ・友好、中・孤立……トランプ政権が模索か？

現在は、「ケース4：中ロ友好、米国孤立」の状態である。しかし、「万物は流転する」という、ヘラクレイトスの箴言《しんげん》に漏れず、その組み合わせは時代により変わる。日本の外交は、地政学上受動的にならざるを得ず、その時々の米中ロの組み合わせの中で〝生き残り〟を図らなければならないという、宿命を背負っているのだ。日本は、大東亜戦争の敗戦により、選択の余地もなく、〝鬼畜〟と悪罵《あくば》した米国の陣営に入り、今日に至っている。

距離的に見れば、日本は米国よりも中国の方が圧倒的に近い。この距離の問題は軽視されがちだが、戦略的に見れば、さまざまな意味を持っている。そのことは、韓国の朴前大統領が、米韓同盟に反して、習近平政権に接近した経緯・様子を見れば理解できる

第８図　米中パワーバランスの変遷（冷戦時代と現在）

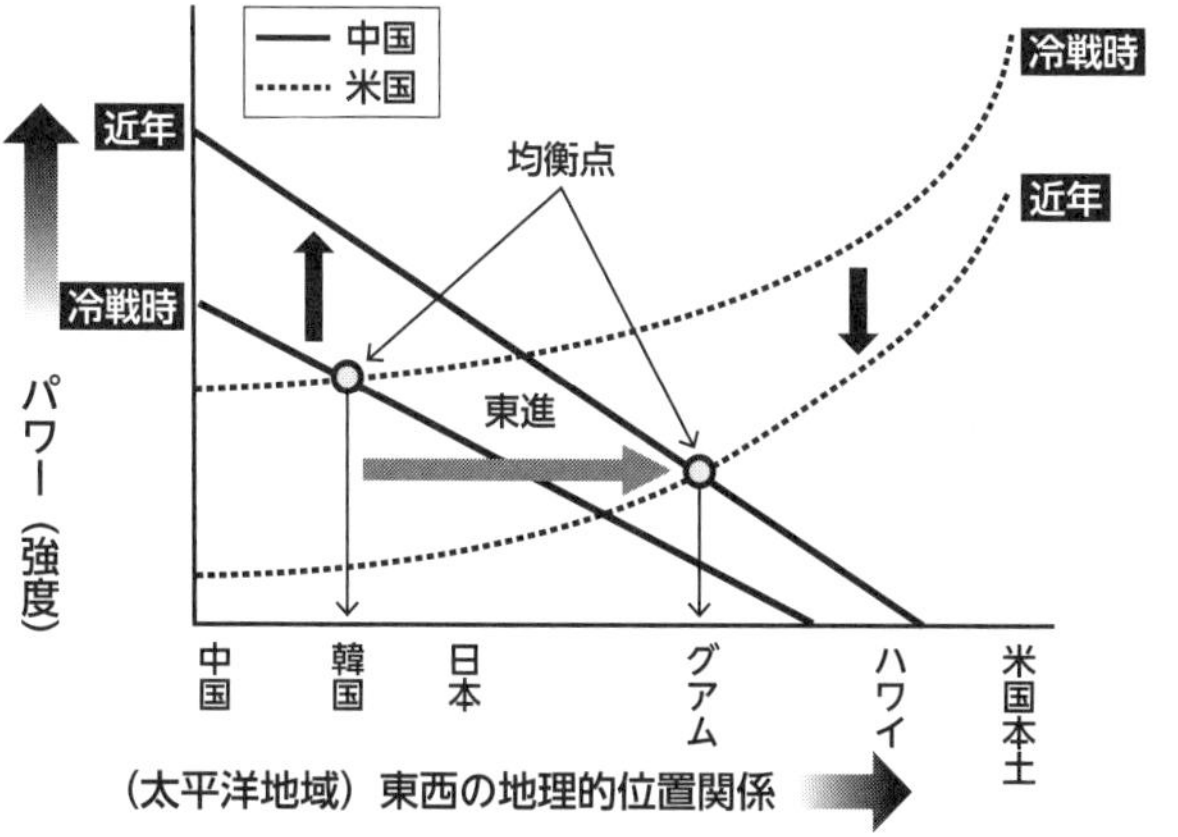

だろう。

経済戦争をしている米中パワーバランスは、どうなっているのだろうか。第８図は、筆者が考えた米中パワーバランスの変遷（冷戦時代と現在）のイメージ図である。

この図からわかるように、冷戦時代の米中のパワーバランスの均衡点は、朝鮮半島の「38度線」付近であったと思われる。しかし近年、中国が台頭しアメリカが凋落傾向にあり、その均衡点は東方に移動しつつある。オバマ政権下では、韓国はもとより、日本までも限りなく中国のパワー優勢圏内に入りつつあったのではないだろうか。

しかし、トランプ政権が軍事力を再強化すれば、パワーバランスの均衡点は再び西方に押し戻すことができるかもしれない。米中パワーバランスの観点から、米中経済戦争の帰趨が日本外交に極めて大きな影響を及ぼすのは当然だ。もし米国が負ければ、日米同盟は解消せざるを得ないかもしれない。

いずれにせよ、我々日本人は、アメリカ、中国、ロシアという巨峰の谷間に咲く〝ひ弱な山桜〟にたとえられる地政学上の宿命を背負っていることを肝に銘じ、米中覇権争いの中でも強か《したた》かに生き残る覚悟を持ち、柔軟な思考による現実的な外交・軍事政策を駆使することが必要であろう。

日本は米中覇権争いの狭間でどう動くべきか

米中覇権争いの狭間にある国々は、関ケ原の合戦直前の大名諸侯に似ている。どちらに付くべきか大いに悩んでいる。今のところ米国優位に見えるが、経済戦争の今後の展望は既に書いた通り、５つのシナリオが考えられる。日本は米中覇権争いの中ではメインプレーヤー（主役）ではなくサブプレーヤー（脇役）にすぎない。しかし、ただのサブプレーヤーでもない。日本の地政学的な位置と国力は米中の覇権争いに大きな影響を与え得る。日本外交は、受け身にならざるを得ないが、日本の地政学や国力を生かして米中と一定の駆け引きをすることはできる。

米国が、長きにわたる日米安保条約体制を利用して、米中経済戦争においても日本を最大限に活用しようとするのは当然だ。日本は、トランプの言いなりに要求を呑むのではなく、複眼的に情勢を睨みつつ、中国というカウンターバランスの存在をチラつかせて、日本の総合的な戦略や国益という観点から「是々非々」で対処すべきであろう。

一方の中国も日本を自陣営に引き込むために、最近では軟化の兆しを見せている。歴史問題などで強圧的な態度を取っていた中国が、最近では日本に対し微笑外交を始めている。日本は、中国の足元を見つつ「今取れるものは取る」という強かさが必要だ。特に、歴史問題や、尖閣諸島問題などでは、中国に対して大いに譲歩を勝ち取るべきである。

ちなみに、２０１８年12月の「南京事件」式典には習近平ら最高指導部は出席しなかった。「日本をこれ以上敵に回したくない」、との思いからだろう。

米中新冷戦は長引く可能性が高い。日本は、総力をあげて米中のパワーバランスの変化について情報の収集・分析に努めるべきだ。米中のパワーバランスの変化こそが、日本の針路を判断する最重要ファクターとなる。

現状のように米国優位の中では、日米同盟に基づき最大限米国をアシストすべきだ。日本にとって繁栄と自由・民主主義体制を守る上でもパックス・アメリカーナに勝る世界はない。

問題は、米中覇権争いの展望だ。トランプが落ち目の米国を上昇させることに成功すれば問題はない。だが米国が覇権争いを断念し、中国に勝ちを譲る場合が問題だ。日本は、そうなった場合のシナリオを詳細に描き、中国が優勢になる情勢の中でいかに立ち回るかを設計しなければならない。日米同盟を基軸とする日本が、中国の影響力が強まる東アジアの中で如何に巧妙に新しい立ち位置にシフトするか、今のうちから考究しておくべきである。

日本外交の原点は、「国家の尊厳と国民の生命財産を守ること」に尽きよう。大東亜戦争末期には、「国体の護持」を「国民の生命財産」より優先したために国民に要らぬ犠牲を強いる結果となった。

日本として、絶対に避けるべきは米中の軍事対決である。米中軍事対決の主戦場は北東アジア、なかでも日本周辺となるだろう。米国には〝火の粉〟が及ばないのである。米中戦争という最悪のシナリオの場合は、我が国は日米同盟をかなぐり捨てて「中立」を宣言する選択肢も考えておくべきだ。その場合は、在日米軍基地の使用を断ることもありうる。さもなければ、米中は日本だけを戦場にし、両国には戦火が及ばない戦い方をする可能性が高い。日米同盟のために、日本だけが夥《おびただ》しい流血の惨事に巻き込まれる必要はない。

とはいえ、米中戦争を抑止する観点からは、日米同盟を限りなく強化し、さらに充実させる必要がある。このように、日米同盟は我が国の安全――国家の尊厳と国民の生命財産を守ること――から見れば、「両刃の剣」であることを深く認識する必要がある。

それゆえ、筆者は「右翼――日米同盟論者」にも「左翼――反米論者」にも与《くみ》しない立場である。いわば、「愛国論者——ジャパン・ファースト論者」であるつもりだ。

日本国民は、生き残るために、冷静かつ賢明であるべきだ。国会で、党利党略などを論ずるのではなく、政党を捨てて、挙国一致で「生き残り」を論ずるべきだ。さもなくば、日本は確実に〝沈没〟してしまうだろう。

あとがき

昨年の晩秋、ワニ・プラスの佐藤社長から、「福山さん、『軍事的な視点から見た、米中経済戦争』という趣旨の本を書いてみてはいかがですか」との提案があった。何でも「ノー」とは言わないのが私の無謀な人生哲学であり、お引き受けすることにした。

しかし、いざ書こうとすると難問であることがわかった。私は、海図も何もない、目的の島影も見えない中で、大海原に漕ぎ出す水主《すいしゅ》（船乗り）のような不安な気持ちに襲われた。その時、思い出したのが「大波のように」という題の讃美歌である。

大波のよぅーに 神の愛が、 わたしの胸に　寄せてくるよ。

漕ぎ出せ、漕ぎ出せ、世の海原へ。

先立つ主イェスに、身を委ねて。

私は、強いてこの讃美歌のような心境になろうと努力しつつ、パソコンに向かった。読む資料や調べることが次から次に、文字通り大波のように押し寄せてきた。私は、その大波に潜りつつ、思索・研究した。すると、不思議や不思議、稿を進めるにつれ、最初はおぼろげだった構想が次第に明確になり始めた。夜、寝ている時に、いろいろな発想が浮かび、枕元の用箋にメモをしたこともたびたびあった。見えない力が私を導いてくれているような気がした。

このようにしてでき上がったのが本書である。従って、本書を「私が自力だけで書いた」という気持ちは全くない。ある強い力による導きがあったことを実感している。

本書を書き上げて見えてきたのは、「世界は未曾有の不安定化、そして大変革期にさしかかっており、特に日本を取り巻く東アジア情勢には、一歩間違えれば、空恐ろしいほどの悲劇が発生する可能性がある」という現実だ。

人類の力を超えた、見えざる存在の計らいにより、人類・日本に悲劇が襲わないことをひたすら心から願うばかりである。

昨年末、ワニ・プラスの佐藤社長から、出版という御仕事についての御志を承る機会があった。「出版業を通じ、少しでも世のため人のためになりたい」と申された。本書が、いささかなりとも佐藤社長の御志に叶うことを願うばかりである。

福山 隆

2019年2月1日

参考文献

『最終戦争論』石原莞爾（経済往来社）

『100年予測』ジョージ・フリードマン（ハヤカワ・ノンフィクション文庫）

『続・100年予測』ジョージ・フリードマン（ハヤカワ・ノンフィクション文庫）

「中国の経済的侵略がどのように米国と世界の技術と知的財産を脅かしているか」
米国貿易・製造政策局（2018年6月20日）

「ザ・リバティ」（2018年10月号および12月号）

「シンギュラリティ（技術的特異点）とは？」BizHint（https://bizhint.jp/keyword/42911）

『図解「孫子の兵法」を身につける本』是本信義（中経出版）

『兵法経営要典』大橋武夫（ブレーン・ダイナミックス）

「米がおびえる2つの転換」（2018年11月9日付、日本経済新聞）

「野外令」陸上自衛隊教範

「米中が9月24日に追加関税第3弾を発動」
ニッセイアセットマネジメント（https://www.nam.co.jp/news/mpdf/180927_tj2.pdf）

「中国製品に制裁関税第二弾発動」（2018年8月23日付、毎日新聞）

「米中衝突 深まる深層（2） 産業スパイ摘発続く」（2018年11月14日付、日本経済新聞）

「本気で習近平を潰しにきたトランプ。米が中国の民族弾圧を猛批判」

北野幸伯・２０１８年8月3日まぐまぐニュース（https://www.mag2.com/p/news/366710）
「パナマ文書、中国の腐敗と資本逃避の深刻さ浮き彫り　習近平氏親族、党幹部ら」
（２０１６年5月10日夕刊フジ記事）
「習近平大ピンチ⁉『パナマ文書』が明かした現代中国の深い〝闇〟」
近藤大介・現代ビジネス（https://gendai.ismedia.jp/articles/-/48394）
「パナマ文書とは何か簡単に解説！パナマ文書に日本人・日本企業は？」
みんなのお金ドットコム（https://minnkane.com/news/3893）
「米国スパイ網を一網打尽にした中国の防諜大作戦」福島香織（日経ビジネス２０１７年5月24日号）
「沖縄米兵自宅に中国スパイが仕掛けたと推測の盗聴器見つかる」（週刊ポスト２０１３年3月15日号）
「台湾の戦略的重要性」川村純彦（「日台共栄」誌第29号（２０１１年2月））
「中国が圧力、台湾と断交する国相次ぐ　アメリカが歯止めに動くも冷めた中南米」
（２０１８年9月19日付ロイター通信）
「トランプ政権、台湾と断交した中米国に「報復」を開始」白石和幸
（２０１８年9月19日付ハーバー・ビジネス・オンライン）
「東南アジアにおける米国と中国の軍事ネットワークの比較」福田保（日本国際問題研究所）
「習近平体制の検証」國分良成（おやばと紙第４５５号）
「中国の弾道ミサイル配備は質・量ともに北朝鮮とは桁違い」松尾芳郎
（TOKYO EXPRESS ２０１６年9月23日）

「ＶＯＡの中国語放送打ち切り計画が波紋呼ぶ」（ＷＳＪ日本版２０１１年4月19日）
「【世界を読む】豪中止の太平洋向け短波、中国が占拠」（２０１８年10月9日付、産経新聞）
『二〇二五年、日中企業格差』近藤大介（ＰＨＰ新書）
「中国、５Ｇ覇権へ攻勢止めず　米の締め出しでも規格優位」（２０１８年11月26日付、日本経済新聞）
「習総書記が描く『強国』化への道」（みずほ総合研究所２０１７年11月6日）
「『中国製造２０２５』はなぜ米中貿易紛争に巻き込まれたのか？」（富士通総研２０１８年5月11日）
「15年以内に米中戦争が起きる可能性大、米軍元司令官」（２０１８年10月26日付、ニューズウィーク誌）
「米中武力衝突の危険高まる、核使用の可能性も─米論文」（２０１８年10月18日付、ニューズウィーク誌）
「長期的な視点でみた中国の経済見通し」Global Reach（https://www.iij.ad.jp/global/column/column64.html）
「空母戦力は大陸深奥の戦略拠点を狙う」文谷数重（軍事研究２０１９年1月号）
「中国　揺らぐ市場重視」（２０１８年12月18日付、日本経済新聞）

軍事的視点で読み解く
米中経済戦争

2019年3月25日　初版発行

著者　福山　隆

福山　隆（ふくやま・たかし）
元陸上自衛隊陸将。1947年、長崎県生まれ。防衛大学校卒業後、陸上自衛隊に入隊。1990年外務省に出向。大韓民国防衛駐在官として朝鮮半島のインテリジェンスに関わる。1993年、連隊長として地下鉄サリン事件の除染作戦を指揮。西部方面総監部幕僚長・陸将で2005年に退官。ハーバード大学アジアセンター上級研究員を経て、現在は広洋産業㈱顧問の傍ら、執筆・講演活動を続けている。著書に『防衛駐在官という任務』（ワニブックス【PLUS】新書）など。

発行者　佐藤俊彦
発行所　株式会社ワニ・プラス
〒150-8482
東京都渋谷区恵比寿4-4-9　えびす大黒ビル7F
電話　03-5449-2171（編集）
発売元　株式会社ワニブックス
〒150-8482
東京都渋谷区恵比寿4-4-9　えびす大黒ビル
電話　03-5449-2711（代表）
装丁　橘田浩志（アティック）
柏原宗績
DTP　平林弘子
印刷・製本所　大日本印刷株式会社

ISBN 978-4-8470-6146-2
ワニブックスHP　https://www.wani.co.jp